Rezepte im Einmachglas

Die leckersten Rezepte in einem Glas zum Mitnehmen, Einkochen, Einmachen oder Fermentieren

Maria Zielinski

Alle Ratschläge in diesem Buch wurden vom Autor und vom Verlag sorgfältig erwogen und geprüft. Eine Garantie kann dennoch nicht übernommen werden. Eine Haftung des Autors beziehungsweise des Verlags für jegliche Personen-, Sach- und Vermögensschäden ist daher ausgeschlossen.

Email: info@edition-lunerion.de
www.edition-lunerion.de

Psiana eCom UG

Berumer Str. 44

26844 Jemgum

Vorwort

Manchmal erlebt man einen Moment und denkt sich: „Was gäbe ich dafür, den für die Ewigkeit festhalten zu können?“ Das klappt leider nicht immer, aber was kulinarische Höhepunkte angeht, gibt es da eine fantastische Möglichkeit: Einmachen. Köstlich-süßes Saisonobst, eine besonders gelungene Gulasch-Kreation, herrlicher Schokokuchen, winterliches Porridge, das Gedanken an Schneeglitzern und Kaminfeuer wachruft – fangen Sie den Zauber des Genusses in hübschen Gläsern ein und erfreuen Sie sich daran, wann immer Sie möchten. Aber das Einmachen ist sicher kompliziert? Keine Sorge! Ganz im Gegenteil benötigen Sie nur wenige kostengünstige Utensilien und dank der kinderleichten Schritt-für-Schritt-Anleitungen gelingt jedes Gläschen auf Anhieb. Worauf es sonst noch ankommt beim Einmachen, welche Methoden es gibt und wie Sie perfekte Geschmackerlebnisse erzielen, erfahren Sie in diesem liebevoll erstellten Kochbuch. Vor allem aber entdecken Sie hier eine verführerische Vielfalt an unterschiedlichsten Einmachgläser-Rezepten für jeden Geschmack und Anlass.

Guten Appetit!

INHALT

Marmeladenglas-Momente

Sicher werden Sie sich jetzt fragen, wie dieser Begriff mit dem Thema dieses Kochbuches kombiniert werden kann. Nun, ich werde mich mit Ihnen auf den Grund genau dieser Frage begeben. Stellen Sie sich doch bitte einmal vor, Sie erleben einen wundervollen, glücklichen und atemberaubenden Moment in Ihrem Leben. Ganz gleich, aus welcher Situation heraus dieser Moment entstanden ist, er wird Sie nicht mehr loslassen und manchmal wünschen wir uns, wir könnten genau solche Momente für die Ewigkeit festhalten. Einfach in ein Marmeladenglas füllen, den Deckel fest verschließen und herausholen, sobald man diesen Moment wieder erleben möchte. Wäre das nicht eine tolle Vorstellung? So ähnlich verhält es sich auch mit sogenannten "Einmachgläsern". Was in vielen Generationen früher noch gang und gäbe war, um Lebensmittel länger zu konservieren, findet auch heutzutage immer größer werdende Beliebtheit.

Ganz gleich ob Marmelade, eingelegtes Gemüse, Fleisch, Fisch, Salate oder vollständige Mahlzeiten – vieles ist möglich und vieles wird, gerade im Berufsleben, auch immer mehr ausprobiert. Sie können sich Ihre Mittagsmahlzeit für den Job, die Uni oder die Schule in einem Einmachglas vorbereiten und haben so im Handumdrehen ein frisches, leckeres und zugleich finanziell erschwingliches Mittagessen. Kein Stress, um in der Pause schnell etwas zu Essen einzukaufen, und ganz entspannt genießen. Durch die positiven Eigenschaften der Gläser lassen sich sogar Portionen über mehrere Tage zu Hause vorbereiten.

Unter einem Einmachglas versteht sich ein hohles Glas, welches hauptsächlich zum Aufbewahren und Einkochen von Lebensmitteln verwendet wird. 1880 wurde das Verfahren von dem Chemiker Rudolf Rempel erfunden. Dieser ließ sich auch im Jahr 1982 seine Idee patentieren. Nach einiger Zeit wurde Johann Carl Weck auf diese neue Errungenschaft aufmerksam und kaufte das Patent von Rudolf Rempel. Am 1.

Januar 1900 gründete er zusammen mit Georg van Eyck die Firma J. Weck und Co. (heute J. Weck GmbH und Co. KG). Seit dem Jahr 1934 findet sich der Begriff "einwecken" im Duden. Zu früheren Zeiten wurden Gemüse und Früchte in Töpfen aus Stein eingelegt oder auch in Gläsern, bei welchen Schweineblasen als Verschluss zu finden waren. Die neuartige Form der Konservierung in Einmachgläsern ermöglichte eine sehr lange Haltbarkeit, welche völlig frei von Zusätzen wie Alkohol, Säure, Zucker, Salz oder anderen Konservierungsmitteln möglich war.

Durch die Durchsicht der Gläser hatte man zudem die Möglichkeit, jederzeit von außen den Inhalt der Gläser einzusehen, ohne den Deckel öffnen zu müssen. Zu den Nachkriegszeiten war es unter den Menschen üblich, saisonales Obst und Gemüse zu den jeweiligen Reifezeiten zu ernten und einzukochen bzw. einzulegen. So hatten die Menschen die Möglichkeit, Lebensmittel über längere Zeit haltbar zu machen. Auch heutzutage finden immer mehr Menschen zu dem eigenen Einmachen von Lebensmitteln zurück. Einmachgläser dienen also auch dem Konservieren von Lebensmitteln und Speisen. Schauen wir uns die verschiedenen Einmachgläser genauer an, werden Sie feststellen, dass die Verschlüsse in verschiedener Ausführung zu finden sind.

Häufig verwendet werden sogenannte Schraubverschlüsse, also Deckel, die durch eine Drehbewegung verschlossen werden. Solche Gläser werden im Hausgebrauch oft für Marmelade verwendet. Ebenfalls finden Sie auch Gläser mit einem Bügelverschluss. Dieser Verschluss besitzt einen Deckel aus Glas, welcher mit einem Metallbügel zu verschließen ist. Ebenso im Handel erhältlich sind Gläser, deren Deckel mit Federklammern und einem Gummiring verschlossen werden. Der Gummiring befindet sich dann zwischen Glas und Deckel, um ein optimales, luftdichtes Verschließen zu gewährleisten, denn das luftdichte Verschließen der Einmachgläser ist ein wichtiger Faktor beim Konservieren der Lebensmittel. So wird gewährleistet, dass keine Keime eindringen können und die Speisen so lange haltbar bleiben.

ARTEN VON EINMACHGLÄSERN

Flachrand-Glas

Das Flachrand-Glas war eines der ersten Einmachgläser, welches in Serie produziert wurde. Der Rand, an welchem die Gummidichtung aufliegt, wird hier absolut klar geschliffen. Auch die dazugehörigen Dichtflächen sind besonders klar geschliffen. Eine Erhebung findet sich lediglich an der Innenseite des Deckels. Diese Erhebung soll verhindern, dass die Gummis zum Verdichten verrutschen. Um ein Flachrand-Glas für das Einkochen von Lebensmitteln nutzen zu können, benötigen Sie einen sehr breiten Gummiring, welcher zwei Laschen zum Öffnen besitzt.

Schleifrand-Glas

Ein Schleifrand-Glas, welches auch unter dem Begriff Massivrand-Glas zu finden ist, zeichnet sich ebenfalls durch eine klar geschliffene Auflagefläche für die Gummis zum Abdichten aus. Der Unterschied zu den Flachrand-Gläsern liegt in dem erhöhten Rand, welcher sich um die Einfüllöffnung herum befindet. Dort wird der Dichtgummi herumgelegt. Manchmal finden sich an diesem Rand auch Rillen, damit der Dichtgummi noch besseren Halt findet. Der Deckel eines Schleifrand-Glases sieht oft aus wie eine Petrischale, jedoch hat er, je nach Hersteller, auch Ähnlichkeit mit dem Deckel eines Flachrand-Glases.

Rillenglas

Wie die Bezeichnung es schon vermuten lässt, zeigt sich das Rillenglas mit einer Rille, welche als Auflagefläche für den Gummi zum Abdichten dient. Diese Rille wird bereits während der Produktion der eigentlichen Einmachgläser mit hinzugefügt, demnach bedarf es keiner Produktion im Nachhinein. Um eine optimale Verdichtung zu gewährleisten, ist der Rand hier zur Einfüllöffnung höher gezogen. Der dazugehörige Deckel kennzeichnet sich dadurch, dass die Dichtfläche nach vorne steht und die Rille des Glases optimal verschließt.

Rundrandglas

Die Dichtflächen von Rundrandgläsern sind nach oben hin halbrund. Passend dazu finden sich Deckel, welche eine glatte Auflagefläche besitzen, die nicht geschliffen wird. In der Mitte des Deckels finden Sie eine Vertiefung, welche extra für das Einlegen des Gummis zum Abdichten vorhanden ist. Ein Vorteil der Rundrandgläser ist die Möglichkeit, diese gut übereinanderstapeln zu können. Die Vertiefung im Deckel bietet hierfür eine optimale Ausgangsposition. Jetzt haben Sie schon einen guten Überblick über die gängigen Formen der Einmachgläser erhalten. Im Prinzip obliegt es natürlich auch Ihren eigenen Wünschen und Bedürfnissen, welche Gläser für Ihr Vorhaben am ehesten geeignet sind. Um Ihnen einen Überblick über die gängigen Konservierungsmethoden geben zu können, sehen Sie nachfolgend die verschiedenen Möglichkeiten auf einen Blick:

KONSERVIERUNGSMÖGLICHKEITEN

Einkochen

Zum Einkochen eignen sich Gemüse, Obst, Pilze oder auch Fleisch. Kuchen können Sie ebenso in einem Einmachglas backen und sogar darin haltbar machen. Kochen Sie hierfür die Lebensmittel, welche Sie einkochen wollen, einfach vor. Alternativ können Sie diese auch mit etwas Wasser als Flüssigkeit roh in das Glas geben. Dann verschließen Sie das Glas mit Gummidichtung und passendem Deckel. Mit einer Klammer oder einem Bügel wird der Deckel während des Einkochens festgedrückt. Das lässt sich wie ein Überdruckventil verstehen. Stellen Sie nun das Einmachglas in einen Topf (z. B. Einkochtopf), um ein Wasserbad durchzuführen. Erhitzen Sie das Glas dann bis zur Temperatur, die für das auserwählte Einkochgut nötig ist.

Achten Sie nun darauf, dass die Temperatur des Wasserbades so lange konstant bleibt, bis der Inhalt des Glases sterilisiert und durcherhitzt ist. Beispielsweise benötigen eiweißreiche Lebensmittel höhere Temperaturen beim Einkochen. Alternativ zum Wasserbad ist es auch möglich, die Gläser im Backofen zu erhitzen. Da die Gummiringe jedoch sehr empfindlich gegenüber trockener Hitze sind, ist diese Variante weniger empfehlenswert. Eine weitere Möglichkeit, die Lebensmittel einzukochen, ist die Verwendung eines Schnellkochtopfes.

Wenn die Gläser abgekühlt sind, entfernen Sie die Klammern oder Bügel. Beim Befüllen des Einkochguts ist es nötig, darauf zu achten, dass am oberen Teil des Glases 3 bis 4 Zentimeter frei bleiben, damit sich der Inhalt, welcher während des Einkochens oben "wandert", nicht zwischen Glasrand und Deckel absetzt. Wenn Sie die eingekochten Lebensmittel kühl und trocken lagern, werden sie Monate und sogar Jahre haltbar bleiben. Sollten Sie nach einiger Zeit einen locker aufliegenden Deckel an Ihrem Einmachglas feststellen, so können Sie davon ausgehen, dass der Inhalt verdorben ist. Ein gelockerter Deckel kann ein Zeichen dafür sein, dass Gärgase entstanden sind und so Keime durchdringen konnten.

Fermentation

Fermentieren bezeichnet eine Gärung unter Ausschluss von Luft, es bedeutet also eine enzymatische oder mikrobielle Umwandlung von organischen Stoffen in Alkohol, Gase oder Säure. In der Lebensmittelherstellung wird der Prozess des Fermentierens insbesondere zur Haltbarmachung angewendet. Dieser Vorgang findet sich beispielsweise bei der Zubereitung von Sauerkraut. Durch das Fermentieren können sich die Aromastoffe gut entwickeln, während pflanzliche Abwehrstoffe (z. B. Gerbstoffe) abgebaut werden.

Sollten Sie sich dazu entscheiden, Marmelade in Einmachgläser zu füllen, achten Sie darauf, dass die Gläser zuvor abgekocht werden, um sie steril zu machen. Nur so wird gewährleistet, dass die zugeführte Marmelade lange haltbar ist und sich keine Keime im Glas bilden. Auch selbst hergestellte Säfte, Liköre, Schnäpse oder andere Getränke lassen sich in entsprechende Einmachflaschen abfüllen und mit einer ansprechenden Verpackung zu einem schönen Geschenk verwandeln. Grundsätzlich bieten Einmachgläser viele verschiedene Möglichkeiten, um Speisen lange haltbar zu machen, vollständige Gerichte für unterwegs vorzubereiten oder auch außergewöhnliche Geschenke zu gestalten. Frei nach Ihren Bedürfnissen und Wünschen lassen sich viele leckere Kreationen verwirklichen. Und um Ihre Kreativität anzuregen, finden Sie nachfolgend viele interessante und abwechslungsreiche Rezepte für Ihren Start ins Thema "Einmachglas".

Vorspeisen

EINGELEGTE GURKEN

4 Gläser (à 500 ml)

25 Min.

Leicht

Zutaten

2 kg Einlegegurken
2 TL weiße Pfefferkörner
30 g Salz
4 Knoblauchzehen
4 Nelken
¾ l Wasser
¾ l Weinessig
100 g Zucker
1 Bund frischer Dill

Nährwerte p. Glas

171 kcal
36 g Kohlenhydrate
1 g Fett
3 g Eiweiß

1 Waschen Sie die Gurken ab und stechen Sie diese an verschiedenen Stellen mit einer Nadel ein.

2 Geben Sie die Gurken dann in eine Schüssel, streuen Sie das Salz darüber und begießen Sie das Ganze dann mit dem Wasser. Die Gurken sollten komplett bedeckt sein. Lassen Sie die Gurken 24 Std. in dem Wasser ziehen.

3 Dann gießen Sie das Wasser nach 24 Std. ab, waschen die Gurken noch einmal und tupfen diese trocken. Nun waschen Sie den frischen Dill und schütteln diesen trocken.

4 Geben Sie nun die Gewürze gemeinsam mit dem Dill in die Gläser. Jetzt wird der Knoblauch gepellt, in Streifen geschnitten und über den Gurken verteilt. Kochen Sie dann das Wasser mit dem Essig und Zucker auf und geben Sie die heiße Flüssigkeit über die Gurken. Anschließend die Gläser gut verschließen und an einem kühlen Ort aufbewahren. Lassen Sie die Gurken vor dem Verzehr 6 bis 8 Wochen durchziehen, um ein intensives Aroma zu erhalten.

PILZE AN ÖL

2 Gläser (à 500 ml) | 25 Min. | Leicht

Zutaten

1 kg Pilze (Pfifferlinge, Champignons)
2 Knoblauchzehen
400 g Zwiebeln
2 EL Salz
½ l Weißweinessig
2 Lorbeerblätter
500 ml Olivenöl
2 TL Pfefferkörner

Nährwerte p. Glas

2157 kcal
15 g Kohlenhydrate
227 g Fett,
23 g Eiweiß

1 Putzen Sie die Pilze und schneiden Sie diese, wenn nötig, in mundgerechte Stücke. Schälen Sie dann die Zwiebeln und schneiden Sie diese in kleine Spalten. Der Knoblauch wird ebenfalls geschält und dann zur Hälfte geschnitten.

2 Kochen Sie nun das Wasser mit Essig, Salz, Knoblauch, Zwiebeln, Pfeffer und Lorbeer auf und geben Sie die Pilze hinzu. Alles nochmals zusammen für ca. 5 Minuten kochen. Heben Sie alles mit einem Schaumlöffel aus der Brühe und geben Sie es in zuvor sterilisierte Einmachgläser. Dann füllen Sie die Gläser mit dem Öl auf, sodass alles bedeckt ist. Schließen Sie nun die Gläser und bewahren Sie die eingelegten Pilze dunkel und trocken auf. Hierzu passt Baguette, aber auch als Beilage schmecken die Pilze sehr gut.

EINGELEGTE TOMATEN

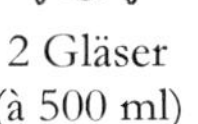

2 Gläser (à 500 ml) | 150 Min. | Mittel

Zutaten

1 kg Kirschtomaten
1 EL Balsamicoessig
2 EL Olivenöl
Pfeffer
Salz
Olivenöl zum Bedecken

Nährwerte p. Glas

306 kcal
13 g Kohlenhydrate
26 g Fett
5 g Eiweiß

1 Waschen und halbieren Sie die Tomaten und geben Sie diese in eine Schüssel. Dann mischen Sie den Balsamicoessig mit dem Olivenöl und würzen diese Mischung mit Pfeffer und Salz.

2 Setzen Sie die Tomaten mit der Schnittfläche nach oben zeigend auf ein mit Backpapier ausgelegtes Backblech. Dann rösten Sie diese im vorgeheizten Backofen bei 170 °C ca. 30 Minuten.

3 Reduzieren Sie nach dieser Zeit die Temperatur auf 80–100 °C und lassen Sie alles nochmals 1–1,5 Std. im Backofen. Die Tomaten sollten faltig, aber auch noch etwas feucht sein, bevor Sie diese herausholen.

4 Dann die Tomaten auf dem Blech abkühlen lassen, in die Gläser füllen und mit Olivenöl nach oben hin auffüllen.

5 Danach stellen Sie die Gläser in den Kühlschrank. Die Tomaten können nun nach Belieben als Vorspeise oder zu Brot herausgenommen werden. Natürlicher Genuss, selbst gemacht.

HERZHAFT FRISCHER SALAT IM GLAS

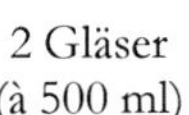

2 Gläser (à 500 ml) 10 Min. Leicht

Zutaten

2 gegarte Kartoffeln
1 Tomate
½ Salatgurke
1 frische Birne
2 Mairüben (Navetten)
6 EL Buttermilch
½ Päckchen Feta-Käse
2 EL Salatöl
Salz
Pfeffer

Nährwerte p. Glas

124 kcal
1 g Kohlenhydrate
12 g Fett
1 g Eiweiß

1 Schneiden Sie das Gemüse in kleine Würfel. Geben Sie diese dann in die Einmachgläser.

2 Mischen Sie nun das Öl mit den Gewürzen und der Buttermilch.

3 Geben Sie von der Mischung je 3 EL in jedes Glas und verschließen Sie die Gläser. Jetzt ist der Salat bereit zum Genießen und eine tolle Variante für unterwegs. Genießen Sie den leckeren Salat doch einfach bei einem Picknick oder während der Mittagspause. Ein bunter Salat im Glas.

BUNTER OBSTSALAT MIT MINZE

4 Gläser (à 250 ml)

20 Min. Zubereitung, 60 Min. ziehen lassen

Leicht

Zutaten

4 Orangen
1 Pitahaya
200 g Erdbeeren
40 ml Mangosaft
2 EL Zitronensaft
4 Stiele Minze

Nährwerte p. Glas

111 kcal
21 g Kohlenhydrate
1 g Fett
3 g Eiweiß

1 Schälen Sie drei Orangen und entfernen Sie die Filets. Fangen Sie den Saft auf und drücken Sie das restliche Fruchtfleisch aus. Nun halbieren Sie die anderen Orangen und pressen den Saft dazu.

2 Jetzt die Erdbeeren waschen und in kleine Stücke schneiden.

3 Halbieren Sie als Nächstes die Pitahaya und schneiden Sie das Fruchtfleisch ebenfalls in kleine Stücke. Alternativ können Sie auch mit einem Kugelausstecher kleine Kugeln herausformen. Das gibt ein optisches Highlight.

4 Nun vermischen Sie die Orangenfilets und den dazugehörigen Saft mit dem Mangosaft, der Pitahaya und den Erdbeeren. Das Ganze nun eine Std. ziehen lassen. Danach füllen Sie das Ganze in Gläser ab und garnieren alles mit Minzblättern.

GEMÜSESALSA MIT EIERN

4 Gläser (à 250 ml)

20 Min.

Leicht

Zutaten

200 g Zucchini
1 Frühlingszwiebel
1 Tomate
2 Stiele Dill
4 Eier
1 TL Olivenöl
Pfeffer
Salz
Tabasco
4 Orangen

Nährwerte p. Glas

98 kcal
2 g Kohlenhydrate
6 g Fett
7 g Eiweiß

1 Im ersten Schritt waschen, schälen und würfeln Sie die Zucchini. Waschen Sie nun auch die Tomate, schneiden Sie den Stielansatz heraus und schneiden Sie das Fruchtfleisch ebenso in kleine Würfel. Dann putzen Sie die Frühlingszwiebel, waschen diese und schneiden sie in dünne Ringe. Mischen Sie die Zwiebel nun mit der Zucchini und der Tomate in einer Schüssel.

2 Nun stechen Sie die Eier vorsichtig an und legen diese mit einem Löffel in kochendes Wasser. Die Eier sollten ca. 5–6 Minuten weich kochen.

3 Während die Eier kochen, waschen Sie den Dill, schütteln diesen trocken und zupfen die Spitzen ab. Nehmen Sie ⅔ der Spitzen und hacken Sie diese grob. Dann alles über das Gemüse geben und mit dem Öl untermischen.

4 Schmecken Sie die Mischung nun mit Pfeffer, Salz und einigen wenigen Tropfen Tabasco ab. Sie sollte eine leichte Schärfe haben. Verteilen Sie nun das Gemüse in Gläser. Behalten Sie etwa 4 TL Salsa für die Garnitur zurück.

5 Spülen Sie nun die Eier unter fließendem Wasser ab und pellen Sie die Schale ab.

6 Geben Sie ein Ei in das Glas und schneiden Sie es oben so ein, dass das Eigelb sichtbar wird. Garnieren Sie alles mit den restlichen Dillspitzen und der Sauce.

Eine Besonderheit bei diesem Rezept ist, dass die Kombination mit Eiern eher zum sofortigen Verzehr geeignet ist, beispielsweise für einen Brunch oder als Vorspeise mit Brot. Wenn Sie die Gemüsesalsa allerdings im Einmachglas konservieren möchten, lassen Sie die Eier dafür draußen und bereiten diese vor dem eigentlichen Servieren frisch zu.

NUDELSALAT MIT AVOCADO

1 Glas (à 500 ml)

15 Min.

Leicht

Zutaten

50 g Vollkorn-Penne (alternativ auch Dinkel)
1 Avocado
1 TL Oregano
1 EL Zitronensaft
1 Mozzarella
360 g Cherry-Romatomaten
3 Stiele Basilikum
Salz

Nährwerte p. Glas

802 kcal
63 g Kohlenhydrate
49 g Fett
33 g Eiweiß

1 Kochen Sie die Nudeln im Salzwasser ca. 8 Minuten, bis diese al dente sind. Dann abgießen und auskühlen lassen.

2 Halbieren Sie jetzt die Avocado und entnehmen Sie das Fruchtfleisch mit einem kleinen Löffel. Zerdrücken Sie dieses in einer Schale mit der Gabel. Nun werden der Zitronensaft und der Oregano über die Avocado-Masse gegeben, dann alles miteinander vermischen. Halbieren Sie die Tomaten und schneiden Sie den Mozzarella in kleine Würfel. Dann waschen Sie das Basilikum und zupfen die Blätter vorsichtig ab.

3 Geben Sie nun die Avocado-Masse als Erstes in ein Einmachglas, darüber füllen Sie die Tomaten und den Mozzarella und zum Schluss geben Sie die Nudeln und das Basilikum in den oberen Teil des Glases. Schließen Sie nun das Glas und genießen Sie, wo immer Sie wollen, einen leckeren, knackigen Salat.

GEMÜSESUPPE MIT COUSCOUS

1 Glas (à 500 ml)

15 Min.

Leicht

Zutaten

50 g Möhren
50 g Brokkoli
50 g Sellerie
30 g Couscous, Instant
1 TL Gemüsebrühe
1 Stange Lauchzwiebel
Salz
1 Prise Pfeffer
1 Prise Paprikapulver
1 Prise Currypulver

Nährwerte p. Glas

142 kcal
26 g Kohlenhydrate
1 g Fett
6 g Eiweiß

1 Schälen Sie den Sellerie und die Möhren und schneiden Sie beides in kleine Würfel. Dann waschen Sie die Lauchzwiebel und schneiden diese in kleine Ringe. Nehmen Sie dann den Brokkoli und zupfen Sie ihn in kleine Röschen.

2 Kochen Sie nun den Sellerie und die Möhren im Salzwasser für ca. 5 Minuten. Wenn 3 Minuten vorüber sind, geben Sie Lauch und Brokkoli dazu und lassen danach das Gemüse abtropfen.

3 Jetzt beginnen Sie mit dem Schichten im Einmachglas. Zuerst geben Sie den Couscous hinein, dann folgt das Gemüse. Die letzten Schichten sind Brühe, Curry, Paprikapulver und Pfeffer.

4 Kurz vor dem Verzehr geben Sie noch ca. 300 ml kochendes Wasser in das Glas, lassen es für 5 Minuten ziehen und genießen überall eine frisch zubereitete Gemüsesuppe. Die Suppe eignet sich hervorragend zum Mitnehmen für unterwegs oder auf Reisen. Eine konservierte, selbst gemachte Gemüsesuppe.

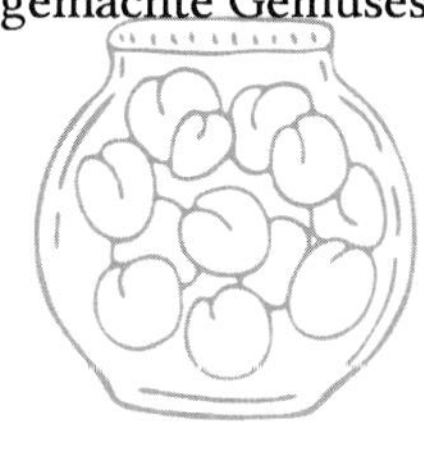

Brote & Brotaufstrich

BROTAUFSTRICH MIT FETA UND OLIVEN

1 Glas (à 250 ml)

10 Min.

Leicht

Zutaten

100 g grüne Oliven
1 Knoblauchzehe
70 g Feta
Basilikum
Rosmarin
scharfes Paprikapulver

Nährwerte p. Glas

351 kcal
3 g Kohlenhydrate
31 g Fett
12 g Eiweiß

1 Schälen Sie die Knoblauchzehe und schneiden Sie diese in kleine Stücke. Dann nehmen Sie den Feta und schneiden diesen ebenfalls in kleine Stücke.

2 Geben Sie den Knoblauch, die Oliven sowie den Feta zusammen in einen Mixer und mischen Sie alles durch. Alternativ ist natürlich auch ein Pürierstab möglich.

3 Nun geben Sie zum Schluss noch Rosmarin, Basilikum und Paprikapulver dazu und mixen alles zusammen, bis eine cremige Mischung entsteht.

Zu dem Aufstrich schmeckt frisch gebackenes Brot, aber auch beim sommerlichen Grillabend wird der Aufstrich eine gute Figur machen.

JOGHURT-BUTTERMILCH-BROT

4 Gläser (à 500 ml)

15 Min. Vorbereitung, 3 Std. Koch- / Backzeit

Schwer

Zutaten

250 ml Buttermilch
125 g Weizenschrot
125 g Weizenvollkornmehl
½ Würfel Hefe
50 g Zuckerrübensirup
75 g Sonnenblumenkerne
75 g Joghurt
½ EL Salz
Butter für die Gläser
2 EL Haferflocken für die Gläser

Nährwerte p. Glas

421 kcal
64 g Kohlenhydrate
14 g Fett
17 g Eiweiß

1 Nehmen Sie die Butter und fetten Sie damit den inneren Teil der Gläser ein. Danach füllen Sie die Haferflocken hinein, verschließen das Glas und schütteln dieses kräftig durch, damit sich die Haferflocken überall verteilen und an der Butter anhaften.

2 Jetzt geben Sie den Zuckerrübensirup gemeinsam mit der Buttermilch in einen Topf und erhitzen beides lauwarm. Die Milch sollte wirklich nur erwärmt sein und nicht kochen bzw. dampfen.

3 Nun geben Sie die Hefe dazu. Daher ist es wichtig, dass die Temperatur 37 °C nicht übersteigt, denn Hefe verträgt keine höheren Temperaturen.

4 Nun geben Sie alle anderen Zutaten zusammen mit der Buttermilch und der Hefe in eine Schüssel. Von der Konsistenz her sollte die Mischung nun breiig sein. Heizen Sie dann den Ofen auf 160 °C Ober-/Unterhitze vor.

5 Geben Sie den Teig in die Gläser und achten Sie darauf, dass diese nur halb gefüllt sind. Bedecken Sie die Oberfläche mit Backpapier und backen Sie die Brote dann für 3 Std. im Ofen.

Möchten Sie das Einreißen der Kruste während des Backvorgangs verhindern? Dann stellen Sie einfach eine kleine Schüssel mit Wasser im Ofen dazu. Die vorhandene Luftfeuchtigkeit verhindert das Trockenwerden und somit das Einreißen der Kruste.

BROTAUFSTRICH MIT SENF UND GEMÜSE

1 Glas (à 500 ml)

15 Min.

Leicht

Zutaten

120 g Möhren
50 g Gewürzgurken
50 g Paprikaschoten
20 g Zwiebeln
50 g Apfel
1 Knoblauchzehe
Pfeffer
Salz
Frische Kräuter n. B.

Nährwerte p. Glas

195 kcal
26 g Kohlenhydrate
5 g Fett
9 g Eiweiß

1 Nehmen Sie die Paprika, die Möhren, die Zwiebeln, die Gewürzgurken und den Knoblauch und zerkleinern Sie alles.

2 Lassen Sie nun die Möhren für ca. 8 Minuten in einem Topf kochen und geben Sie nach 5 Minuten die Paprika dazu. Gießen Sie dann das Wasser ab und geben Sie die restlichen Zutaten mit hinein.

3 Pürieren Sie alles nun zu einer Masse und würzen Sie diese mit Pfeffer und Salz. Nach Belieben können Sie auch noch frische Kräuter (z. B. Petersilie) hinzugeben. Eine leckere Do-it-yourself-Variante für Gemüsesticks oder auf dem Brot.

BROT MIT SONNEBLUMENKERNEN

1 Glas
(à 500 ml)

20 Min.

Leicht

Zutaten

125 g Roggenschrot (Vollkorn)
125 g Dinkelmehl (Vollkorn)
125 g Weizenmehl (Vollkorn)
25 g Leinsamen
250 g Weizenmehl
100 g Sonnenblumenkerne
100 g Rübenkraut
500 ml Buttermilch
1 Würfel Hefe
1 gestr. TL Salz
Semmelbrösel und Fett für die Gläser

Nährwerte p. Glas

3251 kcal
498 g Kohlenhydrate
74 g Fett
130 g Eiweiß

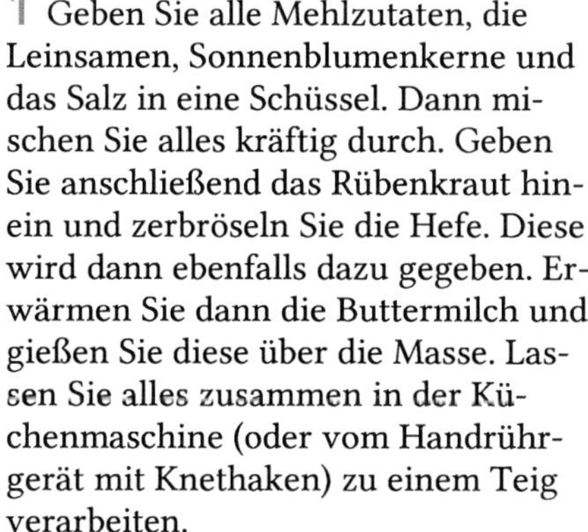

1 Geben Sie alle Mehlzutaten, die Leinsamen, Sonnenblumenkerne und das Salz in eine Schüssel. Dann mischen Sie alles kräftig durch. Geben Sie anschließend das Rübenkraut hinein und zerbröseln Sie die Hefe. Diese wird dann ebenfalls dazu gegeben. Erwärmen Sie dann die Buttermilch und gießen Sie diese über die Masse. Lassen Sie alles zusammen in der Küchenmaschine (oder vom Handrührgerät mit Knethaken) zu einem Teig verarbeiten.

2 Fetten Sie den inneren Teil der Gläser ein und geben Sie die Semmelbrösel hinein. Schließen Sie den Deckel und schütteln Sie das Glas einmal kräftig, damit sich die Semmelbrösel im gesamten Glas verteilen. Füllen Sie dann den Teig in die Gläser und lassen Sie alles für ca. 2 Std. und 15 Minuten im Backofen bei 150 °C backen.

3 Der Teig muss nicht unbedingt vor dem Backen Zeit zum Gehen haben. Wenn Sie dies allerdings wünschen, lassen Sie den Teig einfach vorher etwas gehen und backen Sie ihn dann im vorgeheizten Backofen. Die Teigmenge lässt sich gut in einem Einmachglas mit 500 ml backen oder entsprechend in mehreren kleineren Gläsern, wenn man kleinere Brote backen möchte.

SÜßER BROTAUFSTRICH MIT HIMBEEREN

1 Glas (à 500 ml)

10 Min.

Leicht

Zutaten

50 g Himbeeren
125 g Butter
1 Prise Vanille
30 g Honig

Nährwerte p. Glas

1039 kcal
26 g Kohlenhydrate
104 g Fett
1 g Eiweiß

1 Nehmen Sie die Butter aus dem Kühlschrank und lassen Sie diese weich werden. Sie sollte sich gut verrühren lassen. Pürieren Sie anschließend den Honig sowie die Himbeeren im Mixer oder mit dem Pürierstab.

2 Butter in eine Schüssel geben und mit der Himbeer-Honig-Masse vermischen. Alles gut durchrühren und dann in den Kühlschrank stellen.

Der süße Aufstrich mit Butter ist einmal etwas ganz anderes als die gängige Kräuterbutter und wird bei Ihren Gästen bestimmt gut ankommen.

DINKELBROT

1 Glas
(à 850 ml)

30 Min.
Arbeitszeit,
ca. 60 Min.
Koch- /
Backzeit

Leicht

Zutaten

1 kg Dinkelmehl
4 EL Salz
900 ml warmes Wasser
2 Würfel Hefe
4 EL Apfelessig
150 g Körner nach Belieben (Leinsamen, Sesam etc.)
Mehl und Fett für die Gläser

Nährwerte p. Glas

4404 kcal
790 g Kohlenhydrate
45 g Fett
168 g Eiweiß

1 Verrühren Sie das Wasser mit der Hefe und geben Sie dann die restlichen Zutaten hinzu. Fetten Sie die Innenseiten des Glases und geben Sie das Mehl hinein. Schütteln Sie nun das Glas langsam hin und her, damit sich das Mehl an allen Seiten anhaften kann.

2 Nun geben Sie den Teig in das Glas (bitte nur bis zur Hälfte des Glases füllen, da der Teig noch aufgeht) und stellen dieses ohne Deckel in den Backofen. Dieser muss nicht vorgeheizt werden. Stellen Sie die Temperatur nun auf 200 °C Ober-/Unterhitze und lassen Sie das Brot 60–70 Minuten backen.

3 Verschließen Sie nach Ablauf der Zeit das Glas und lassen Sie dieses im Backofen noch auskühlen.

DATTELCREME

2 Gläser (à 250 ml) | 15 Min. | Leicht

Zutaten

100 g Datteln (entsteint)
1 Chilischote
½ Bund Frühlingszwiebeln
200 g Frischkäse
1 Becher Schmand
Salz

Nährwerte p. Glas

686 kcal
36 g Kohlenhydrate
54 g Fett
12 g Eiweiß

1 Schneiden Sie die Chilischote, Zwiebeln und Datteln klein. Alternativ können Sie diese auch mit dem Pürierstab pürieren.

2 Rühren Sie nun den Schmand sowie den Frischkäse dazu und verrühren Sie alles miteinander. Dann schmecken Sie alles noch mit Salz ab.

Der etwas andere Brotaufstrich lässt sich super zu Brot, Gemüse und Fleisch kombinieren.

MÖHRENBROT

6 Gläser (à 250 ml)

60 Min. Vorbereitung, 20 Min. Zubereitung

Leicht

Zutaten

200 g Möhren
500 g Dinkelvollkornmehl
1 kleiner Apfel
1 TL Salz
1 Päckchen Trockenhefe bzw. ¾ frische Hefe
50 ml Apfelsaft
2 TL Kurkuma
40 g Sesamsamen
Öl

Nährwerte p. Glas

398 kcal
59 g Kohlenhydrate
5 g Fett
13 g Eiweiß

1 Waschen und schälen Sie die Möhren und raspeln Sie diese dann sehr fein. Auch den Apfel waschen und entkernen Sie. Danach ebenfalls raspeln.

2 Erwärmen Sie nun den Apfelsaft und lösen Sie darin die Hefe auf. Dann fügen Sie in einer Schüssel Mehl, Salz, Kurkuma und Apfel- sowie Möhrenraspel zusammen und mischen alles gut durch. Danach geben Sie etwa 200 ml lauwarmes Wasser sowie die aufgelöste Hefe hinzu. Kneten Sie jetzt den Teig durch und lassen Sie ihn mit Mehl bestäubt abgedeckt an einem warmen Ort gehen. Rechnen Sie hierfür ca. 45 Minuten ein.

3 Nachdem der Teig Zeit zum Gehen hatte, kneten Sie ihn nochmals kräftig durch und fügen dann die Sesamsamen hinzu.

4 Heizen Sie nun den Backofen auf 180 °C vor. Dann fetten Sie die Gläser innen dünn mit dem Öl ein.

5 Verteilen Sie nun den Teig in die vorhandenen Einmachgläser und achten Sie darauf, dass ⅓ des Glases nach oben hin frei bleibt. Der Teig wird im Glas noch etwas hoch gehen, daher benötigt er Platz nach oben, damit er nicht den Deckel herausdrückt. Stellen Sie die Gläser nun offen für 20 Minuten in den Backofen. Nach 15 Minuten Backzeit legen Sie bitte die Deckel zum Erhitzen mit dazu. Verschließen Sie nun die Gläser, während sie noch heiß sind. Die Haltbarkeit der Brote beläuft sich auf ca. 6 Wochen, sofern sie im Kühlschrank gelagert werden. Sie eignen sich somit gut für bevorstehende Urlaube oder als Vorrat für Zuhause.

Fleisch

HACKFLEISCH

1 Glas (à 500 ml)

20 Min.

Mittel

Zutaten

300 g Hackfleisch (gemischt oder Rinderhackfleisch)
1 große Zwiebel
1 EL Öl
Brühe (¼ Würfel bzw. ½ TL)
1 Knoblauchzehe
2 TL Kräuter, getrocknet (nach Belieben)
Pfeffer
Salz

Nährwerte p. Glas

1012 kcal
10 g Kohlenhydrate
81 g Fett
61 g Eiweiß

1 Braten Sie das Hackfleisch in Öl an. Dann nehmen Sie Knoblauch und Zwiebel hinzu und braten beides zusammen mit dem Hackfleisch.

2 Geben Sie nun diese Mischung in ein sauberes, zuvor durch heißes Wasser sterilisiertes Einmachglas. Achten Sie darauf, 1 cm am Rand freizulassen. Säubern Sie nun den freien Rand fettfrei und schrauben Sie den heißen, zuvor ebenfalls sterilisierten Deckel fest zu.

3 Nun geben Sie das Glas bei 200 °C (Heißluft) für ca. 10 Minuten in den Backofen. Das Ganze wird nun wieder heiß gemacht. Gut wäre es, wenn Sie das Glas im Backofen im Auge behalten würden, denn durch das Erhitzen wird der Inhalt im Glas nach kurzer Zeit anfangen, zu brodeln, es bilden sich Kochblasen. Dadurch kann es passieren, dass sich der Deckel nach außen wölbt. Nehmen Sie dann das Glas aus dem Backofen und legen Sie einen schweren Gegenstand auf den Deckel. Nach einiger Zeit bildet sich ein Vakuum und der Deckel zieht sich wieder nach innen.

Das Hackfleisch lässt sich sehr gut für einige Monate konservieren. So hat man immer schnell eine gute Basis für eine vollwertige Mahlzeit, wenn es einmal wieder schnell gehen muss oder etwas von der Einkaufsliste vergessen wurde.

KNOBLAUCHWURST

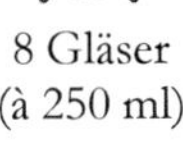

8 Gläser (à 250 ml)

50 Min.

Mittel

Zutaten

500 g mageres Schweinefleisch
½ TL Zucker
250 g Speck
½ TL Kümmel (gemahlen)
2 Knoblauchzehen
1 EL Salz
2 EL Weißwein
½ EL Pfeffer
Geräte: evtl. Fleischwolf

Nährwerte p. Glas

334 kcal
1 g Kohlenhydrate
30 g Fett
13 g Eiweiß

1 Drehen Sie den Speck und das Fleisch durch den Fleischwolf. Nutzen Sie dafür die feine Scheibe. Wenn Sie keinen Fleischwolf zu Hause haben, können Sie auch direkt beim Metzger darum bitten, das Fleisch durchzudrehen.

2 Nun geben Sie die gehackte Mischung zusammen mit den übrigen Zutaten in eine Schüssel und schmecken alles mit Pfeffer und Salz ab. Dann füllen Sie alles in saubere Einmachgläser. Da die Wurst noch etwas aufquillt, sollten Sie nur maximal ¾ des Glases füllen.

3 Im letzten Schritt sterilisieren Sie die Gläser im Backofen. Hierfür stellen Sie diese für 60 Minuten bei 180 °C ins Wasserbad. Überprüfen Sie nach dem Abkühlen noch einmal, ob alle Deckel fest verschlossen sind.

LEBERWURST NACH THÜRINGER ART

6 Gläser
(à 500 ml)

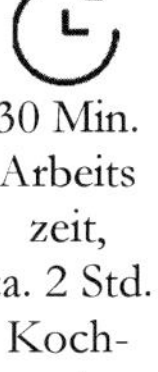
30 Min. Arbeits zeit, ca. 2 Std. Koch- zeit

Mittel

Zutaten

2,5 kg Schweinefleisch
2 große Zwiebeln
500 g frische Leber
Pfeffer
Salz
Majoran, nach Belieben
Geräte: Fleischwolf

Nährwerte p. Glas

1019 kcal
2 g Kohlenhydrate
73 g Fett
91 g Eiweiß

1 Kochen Sie das Schweinefleisch weich. Währenddessen drehen Sie die Leber und die Zwiebeln im Fleischwolf.

2 Nachdem das Schweinefleisch weich gekocht ist, drehen Sie auch dieses durch den Fleischwolf und mischen es anschließend mit der Leber-Zwiebel-Masse. Jetzt kneten Sie alles gut durch und geben nach Belieben Gewürze hinzu.

3 Füllen Sie alles in die vorbereiteten Einmachgläser und kochen Sie diese im Wasserbad für 2 Std. ein.

FRÜHSTÜCKSFLEISCH MIT WÜRZIGER NOTE

3 Gläser (à 250 ml)

10 Min. Arbeitszeit, Koch-/ Backzeit ca. 90 Min.

Leicht

Zutaten

500 g Hackfleisch, gemischt
1 große Zwiebel
10 g Pökelsalz
½ TL Paprikapulver
½ gestr. TL Pfeffer

Nährwerte p. Glas

469 kcal
1 g Kohlenhydrate
37 g Fett
32 g Eiweiß

1 Verarbeiten Sie alle Zutaten mit einem Knethaken zu einem Fleischteig. Alternativ können Sie diesen Schritt natürlich auch von Hand durchführen.

2 Geben Sie nun die Masse in Einmachgläser mit Schraubdeckel und lassen Sie 2 cm am Rand frei. Sollten die Ränder etwas schmutzig sein, reiben Sie diese sauber.

3 Nun heizen Sie den Backofen auf 180 °C vor. Dann nehmen Sie sich eine Pfanne und legen diese mit einem Küchenhandtuch aus. Jetzt die Gläser in die Pfanne stellen und ca. 2 cm hoch Wasser einfüllen. Legen Sie vor dem Garen eine nasse Zeitung auf die Gläser und lassen Sie alles 90 Minuten im Ofen.

4 Lassen Sie nach der Garzeit die Gläser mit geöffneter Backofentür auskühlen und entfernen Sie die Zeitung. Je nach Belieben können Sie das Fleisch auch mit Gewürzen noch im Geschmack verändern.

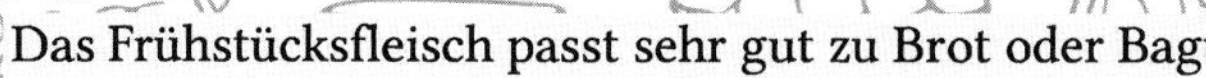

Das Frühstücksfleisch passt sehr gut zu Brot oder Baguette.

GULASCH

5 Gläser (à 850 ml)

50 Min. Vorberei-tung, 4 Std. Garzeit

Leicht

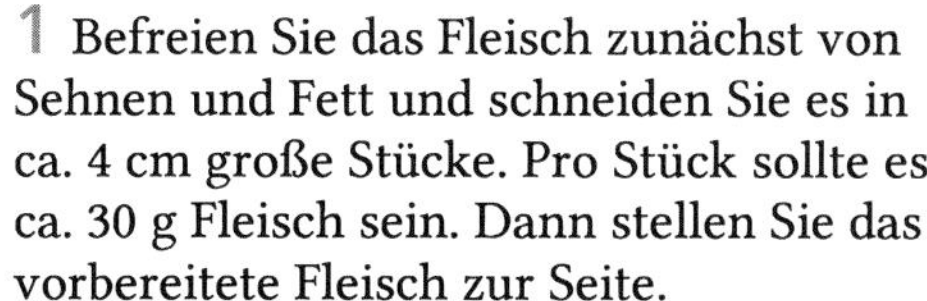

Zutaten

2 kg mageres Rindfleisch
250 g Zwiebeln
800 g Gemüsezwiebeln
50 g Schweineschmalz
100 g Paprika-Tomaten-Mark
5 Lorbeerblätter
1 EL Kümmelsaat
1 l Rinderbrühe
400 g Staudensellerie
100 ml Rotweinessig
Pfeffer
Salz

Nährwerte p. Glas

820 kcal
13 g Kohlenhydrate
48 g Fett
80 g Eiweiß

1 Befreien Sie das Fleisch zunächst von Sehnen und Fett und schneiden Sie es in ca. 4 cm große Stücke. Pro Stück sollte es ca. 30 g Fleisch sein. Dann stellen Sie das vorbereitete Fleisch zur Seite.

2 Schneiden Sie die Zwiebeln in Würfel und erhitzen Sie dann das Schmalz in einem flachen Bräter. Dann geben Sie die Zwiebeln mit dazu und dünsten diese für 15 Minuten unter mittlerer Hitze, bis diese glasig werden. Gelegentlich umrühren. Schneiden Sie dann die Lorbeerblätter mit einer Schere ein und binden Sie diese mit einem Garn zusammen.

3 Nun geben Sie das Fleisch in mehreren kleinen Portionen unter die Zwiebeln und garen dieses bei mittlerer Hitze je 5 Minuten. Das Fleisch sollte nicht braun werden. Rühren Sie nun den Kümmel und das Paprika-Tomaten-Mark dazu, dann folgen Essig und Brühe. Würzen Sie alles mit Pfeffer und Salz und kochen Sie das Gulasch einmal auf. Lassen Sie das Ganze nun für 1,5 Std. bei mittlerer Hitze und gelegentlichem Umrühren schmoren. Der Topfdeckel sollte dabei halb aufgelegt sein.

4 Währenddessen putzen Sie den Sellerie, entfädeln diesen und schneiden ihn in 1 cm große Stücke. Geben Sie ihn dann zu dem Gulasch hinzu und schmoren Sie alles zusammen nochmals für 30 Minuten. Weichen Sie jetzt die Dichtungsringe der Gläser in warmem Wasser auf.

5 Nun heizen Sie den Backofen auf 200 Grad Heißluft vor und entfernen die

Lorbeerblätter aus dem Gulasch. Füllen Sie nun das Gulasch in vorbereitete Einmachgläser und achten Sie darauf, dass jeweils ca. 3 cm am oberen Rand frei bleiben.

6 Verschließen Sie nun die Gläser zügig mit den feuchten Dichtungsringen, Klammern und Deckeln. Dann stellen Sie alle Gläser mit etwas Abstand voneinander auf ein Backblech und schieben dieses in den Ofen. Gießen Sie nun ca. 2 cm Wasser in das Backblech. Reduzieren Sie die Temperatur, sobald Sie im Einmachgut Kochblasen wahrnehmen. Das Gulasch sollte nun 1 Std. im Backofen einkochen.

7 Lassen Sie nach der Einkochzeit die Gläser 30 Minuten ruhen. Der Backofen sollte ausgeschaltet sein. Dann nehmen Sie die Gläser heraus und lassen diese abkühlen. Hierfür eignet sich ein Gitter sehr gut. Entfernen Sie die Klammern erst nach vollständigem Abkühlen und lagern Sie die Gläser dunkel und kühl.

In dieser Form eingekocht ist das Gulasch für bis zu 3 Monate haltbar. Das Gulasch kann Ihnen beispielsweise bei der Vorbereitung für ein größeres Familienfest oder für eine Party viel Arbeit am Tag des Festes abnehmen, weil alles schon vorbereitet ist. So bleibt Ihnen mehr Zeit zum Entspannen.

HÄHNCHENFLEISCH

5 Gläser (à 250 ml)

40 Min. Vorbereitung, 1 Std. Einkochen

Leicht

Zutaten

4 Hühnerschenkel
1 EL ÖL
Salz
Pfeffer
1 Möhre
1 kleine Lauchstange
1 Stück von einer Sellerieknolle
1 Zwiebel
200 ml Fleischbrühe
100 ml Weinessig
150 ml trockener Weißwein
Etwas Chiliflocken
1 Lorbeerblatt
3 Thymianzweige
1 Zitrone

Nährwerte p. Glas

127 kcal
1 g Kohlenhydrate
9 g Fett
0 g Eiweiß

1 Spülen Sie das Fleisch unter kaltem Wasser ab, tupfen Sie es anschließend trocken und schneiden Sie es am Gelenk einmal durch. Schneiden Sie sichtbares Fett weg und reiben Sie alles mit Salz und Pfeffer ein.

2 Schneiden Sie nun den Sellerie und die Möhre in kleine Stücke, die Zwiebel in Spalten und den Lauch in Scheiben.

3 Mischen Sie nun Chiliflocken mit Wein, Brühe und Essig.

4 Reinigen Sie die Deckel und Gläser und geben Sie alles noch mal in heißes Wasser zum Sterilisieren.

5 Erhitzen Sie nun das Öl in einer Pfanne und legen Sie das Fleisch mit der Hautseite nach unten hinein. Das Ganze dann für 10 Minuten anbraten. Ein Wenden ist dabei nicht nötig.

6 Nach dem Anbraten wenden Sie die Fleischstücke und verteilen das Gemüse darüber. Dann Lorbeerblatt und Thymianzweige darauf legen. Gießen Sie danach die Wein-Brühe-Essig-Mischung darüber und lassen Sie alles für 30 Minuten zugedeckt und bei mittlerer Hitze schmoren.

7 Nehmen Sie jetzt das Fleisch aus dem Sud und entfernen Sie das Lorbeerblatt und die Thymianzweige. Geben Sie nun das Gemüse in 5 Gläser und verteilen Sie darauf das Fleisch. Ziehen Sie zuvor die Knochen einfach aus den Schenkeln heraus.

8 Dann legen Sie auf jedes Glas eine Zitronenscheibe, füllen alles mit dem Sud auf und verschließen die Gläser. Danach werden die Gläser in einem Topf mit Kochwasser stehend für 60 Minuten eingekocht.

Das lecker eingemachte Hühnchen schmeckt hervorragend zu Kartoffeln und ist durch seine Haltbarkeit vielseitig einsetzbar.

BLUTWURST

2 Gläser (à 250 ml)

30 Min. Vorbereitung, ca. 90 Min. Einkochen

Mittel

Zutaten

2 Kringel Hausmacher Blutwurst
200 ml Fleischbrühe
200 g Kalbsleberwurst
4 Zwiebeln
1 TL Majoran
½ TL Pfeffer, schwarz
1 TL Bohnenkraut

Nährwerte p. Glas

175 kcal
1 g Kohlenhydrate
15 g Fett
7 g Eiweiß

1 Schneiden Sie die Wurst in grobe Stücke und ziehen Sie die Pelle ab. Erhitzen Sie nun die Brühe in einem Topf und lassen Sie die Wurst darin schmelzen. Es sollte eine breiige Masse entstehen.

2 Würfeln Sie die Zwiebeln und rühren Sie diese dann mit dem Pfeffer in die Wurstmasse. Dann nehmen Sie sich das Bohnenkraut und den Majoran in die Hände und zerreiben beides über dem Topf. Anschließend heben Sie alles unter und lassen es für 2 Minuten gut durchkochen.

3 Füllen Sie nun die Wurstmasse in zuvor sterilisierte Einmachgläser und lassen Sie dabei 3 cm bis zum oberen Rand frei. Verschließen Sie nun die Gläser.

4 Legen Sie jetzt ein Küchenhandtuch in einen großen Topf und setzen Sie die Gläser darauf. Dann gießen Sie heißes Wasser darüber. Die Gläser sollten sich ca. 3–4 cm im kochenden Wasser befinden. Lassen Sie die Gläser nun für 80 bis 90 Minuten im kochenden Wasser. So wird der Inhalt gut eingemacht. Nehmen Sie anschließend den Topf vom Herd und lassen Sie die Gläser darin abkühlen.

5 Der Blutwurstaufstrich lässt sich durch das Einmachen sehr lange konservieren und schmeckt sehr gut zu Brot und Baguette.

BRATENSAUCE

4 Gläser (à 500 ml)

50 Min. Vorbereitung, ca. 3½ Std. Koch- und Ruhezeit

Mittel

Zutaten

2 kg Rinderknochen und/oder Fleischstücke
1 Schuss Öl zum Braten
2 Zwiebeln
2 Knoblauchzehen
2 EL Tomatenmark
1 Bund Suppengrün
4 Stk. Pfefferkörner
2 Lorbeerblätter
1 l Rotwein
3 l Wasser
1 Prise Salz

Nährwerte p. Glas

296 kcal
18 g Kohlenhydrate
4 g Fett
2 g Eiweiß

1 Waschen Sie das Fleisch bzw. die Knochen nach Bedarf und tupfen Sie es trocken. Schneiden Sie es dann in kleine, mundgerechte Stücke und geben Sie etwas Öl in einen Bräter hinein. Die Knochen werden nun darin angebraten. Rühren Sie alles immer wieder um und löschen Sie es nach und nach mit Rotwein ab. Die Gesamtzeit des Anbratens beträgt etwa 30 Minuten.

2 Waschen Sie das Gemüse und schneiden Sie es in kleine Stücke. Dann geben Sie es zu den Knochen hinzu und lassen es mit anbraten. Auch hier immer wieder umrühren. Dieser Vorgang wird ca. 15 Minuten in Anspruch nehmen. Löschen Sie auch hier wieder mit Wein ab. Der Saft, der nun im Bräter entsteht, nennt sich auch "Jus".

3 Jetzt fügen Sie das Wasser hinzu und lassen alles aufkochen. Danach lassen Sie das Ganze mit Deckel auf niedriger Temperatur ca. 3–3 ½ Std. köcheln. Sollte währenddessen Schaum entstehen, können Sie diesen abschöpfen.

4 Wenn alles ausgekocht wurde, können Sie den Jus nun durch ein Sieb passieren. Dann füllen Sie die Sauce in sterilisierte und heiße Einmachgläser und verschließen diese mit dem Deckel.

Die Menge aus dem Rezept entspricht etwa 1–2 l Bratensauce. Die eingekochte Sauce lässt sich gut auf Vorrat kochen und hält im Kühlschrank ca. 2–3 Monate. Sobald die Sauce kalt geworden ist, ändert sich die Konsistenz und die Sauce geliert. Bei Bedarf einfach kurz vor dem Servieren nochmals erwärmen und genießen. Eine leckere Sauce zu Fleisch und Klößen.

Fisch

LACHS MIT DILL

4 Gläser (à 500 ml) | 25 Min. | Leicht

Zutaten

100 g Räucherlachsscheiben
2 Eiweiß
4 Eigelb (hart gekocht)
1 EL Dill gehackt
Salz
Pfeffer
Wasabipaste
Butter

Nährwerte p. Glas

14 kcal
2 g Kohlenhydrate
0 g Fett
0 g Eiweiß

1 Fetten Sie im ersten Schritt die Innenseiten von vier Einmachgläsern vollständig mit Butter ein.

2 Nun haschieren (klein hacken) Sie die Lachsscheiben und verrühren diese mit dem Eiweiß und dem gehackten Dill. Dann heben Sie die Eigelbe vorsichtig unter und schmecken das Ganze mit etwas Pfeffer, Salz und Wasabipaste ab.

3 Anschließend geben Sie die Lachsmasse in die vorbereiteten Einmachgläser und verschließen diese. Stellen Sie die Gläser dann in ein tiefes Backblech und füllen Sie dieses ca. 4 cm hoch mit Wasser. Dann wird der Inhalt im vorgeheizten Backofen für 15 bis 20 Minuten gedämpft.

4 Anschließend lassen Sie die Gläser abkühlen und können diese kühl und dunkel lagern.

THUNFISCHSALAT

1 Glas (à 500 ml)

1 Std.

Leicht

Zutaten

50 g Thunfisch in Salzlake
30 g Blattsalat
50 g Salatgurke
50 g Gemüsemais
2 Stk. Radieschen
100 g Magerjoghurt
1 TL Zitronensaft
Schnittlauch
Balsamicoessig
Pfeffer
Salz

Nährwerte p. Glas

281 kcal
13 g Kohlenhydrate
14 g Fett
3 g Eiweiß

1 Schneiden Sie den Blattsalat in mundgerechte Stücke. Dann nehmen Sie die Radieschen und die Gurke, halbieren diese und schneiden sie in dünne Scheiben. Lassen Sie nun den Thunfisch und den Gemüsemais abtropfen und schneiden Sie den Schnittlauch fein.

2 Jetzt bereiten Sie aus Joghurt, Schnittlauchröllchen, Zitronensaft, Pfeffer und Salz eine Marinade zu.

3 Geben Sie dann immer schichtweise Blattsalat, Radieschen, Gurke, Mais und Thunfisch in das Einmachglas und legen Sie das restliche Gemüse auf den Thunfisch.

4 Übergießen Sie alles mit der Marinade, verschließen Sie das Glas und lagern Sie dieses kühl. Der Thunfischsalat schmeckt sehr gut zu Baguette oder an einem gemütlichen Grillabend.

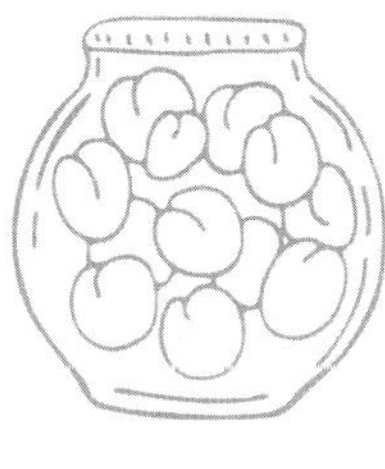

GEMÜSE AN LACHS

4 Gläser
(à 500 ml)

15 Min.

Leicht

Zutaten

400 g Räucherlachs
2 Zucchini
2 rote Paprikaschoten
2 grüne Paprikaschoten
1 Stange Staudensellerie
4 Tomaten
100 g grüne Bohnen
150 g Crème fraîche
1 Spritzer Zitronensaft
75 ml Schlagsahne (mind. 30 % Fett)
Pfeffer
Salz

Nährwerte p. Glas

439 kcal
15 g Kohlenhydrate
29 g Fett
29 g Eiweiß

1 Waschen und putzen Sie die Zucchini und schneiden Sie anschließend kleine Würfel. Tomaten und alle Paprikaschoten ebenfalls waschen, putzen und in kleine Würfel schneiden. Waschen und putzen Sie anschließend die Bohnen und schneiden Sie diese in kleine Stücke. Dann geben Sie sie für 2 Minuten in kochendes Wasser zum Blanchieren. Danach Wasser abgießen, die Bohnen mit kaltem Wasser abschrecken und abtropfen lassen. Nun nehmen Sie den Sellerie hinzu, waschen und putzen auch diesen und schneiden ihn ebenfalls in kleine Würfel. Mit dem Räucherlachs verfahren Sie ebenso.

2 Mischen Sie nun die Sahne mit Crème fraîche und schmecken Sie beides mit Pfeffer, Salz und Zitronensaft ab. Dann verrühren Sie das vorbereitete Gemüse mit der Sahne-Mischung und geben den Lachs dazu. Alles nochmals gut miteinander vermischen und in Gläser abfüllen.

Das Gemüse mit Lachs eignet sich hervorragend zur Vorbereitung des Mittagessens oder für einen Besuch bei lieben Menschen. Einfach vorbereiten, kühl stellen, mitnehmen und genießen.

EINGELEGTE BRATHERINGE

6 Gläser (à 250 ml)

42 Min.

Leicht

Zutaten

6 grüne Heringe
750 ml Wasser
¼ l Weinessig
1 TL Senfkörner
1 Lorbeerblatt
1 TL Pfefferkörner (schwarz)
6 Nelkenköpfe
3 Zwiebeln
6 Wacholderbeeren
Öl zum Braten
Salz
Zucker
Mehl

Nährwerte p. Glas

20 kcal
1 g Kohlenhydrate
0 g Fett
0 g Eiweiß

1 Nehmen Sie die Heringe auseinander und säubern Sie diese unter fließendem Wasser. Danach tupfen Sie die Heringe mit Küchenkrepp trocken.

2 Salzen Sie die Heringe außen sowie innen. Erhitzen Sie jetzt etwas Öl in einer Pfanne und schwenken Sie die Heringe mit beiden Seiten in etwas Mehl.

3 Anschließend geben Sie die Heringe in die Pfanne. Nun werden diese ca. 5 Minuten von beiden Seiten goldbraun gebraten.

4 Lassen Sie das Wasser mit den Gewürzen und dem Essig aufkochen und schmecken Sie alles nach Belieben mit Zucker ab.

5 Pellen Sie nun die Zwiebeln und schneiden Sie diese in Ringe.

6 Schichten Sie die Bratheringe in den Einmachgläsern abwechselnd mit den Zwiebelringen übereinander und übergießen Sie das Ganze mit der heißen Sauce. Die Heringe sollten komplett bedeckt sein.

7 Lassen Sie alles für zwei Tage durchziehen.

So eingemacht, halten sich die Bratheringe etwa 10 Tage bei kühler Lagerung. Passend dazu genießen Sie Bratkartoffeln oder Baguette.

SENFHERINGE

4 Gläser (à 250 ml)

30 Min.

Leicht

Zutaten

600 g Heringsfilet an Öl
300 g Schmand
400 g Naturjoghurt
1 Spritzer Zitronensaft
2 EL Dijonsenf
Pfeffer
Salz
Zucker (nach Belieben)

Nährwerte p. Glas

642 kcal
9 g Kohlenhydrate
53 g Fett
33 g Eiweiß

1 Lassen Sie die Heringsfilets abtropfen und schneiden Sie diese dann in Querstreifen. Danach mischen Sie den Zitronensaft zusammen mit Senf, Schmand und Naturjoghurt und schmecken alles mit Pfeffer, Salz und etwas Zucker ab.

2 Mischen Sie nun die Filets mit der Sauce und füllen Sie alles in zuvor sterilisierte Einmachgläser. Dann die Gläser gut verschließen und kühl lagern.

GARNELEN AN AVOCADOSUPPE

4 Gläser (à 250 ml)

15 Min.

Leicht

Zutaten

4 Avocados
2 rote Zwiebeln
1 Knoblauchzehe
150 g Shrimps (geschält)
300 ml Geflügelfond
2 EL Zitronensaft
200 ml Mineralwasser
1 rote Chilischote
2 EL Koriander (frisch)
Pfeffer
Salz
Koriander als Deko

Nährwerte p. Glas

307 kcal
9 g Kohlenhydrate
26 g Fett
10 g Eiweiß

1 Schälen Sie die Avocados und entfernen Sie den Kern.

2 Dann schneiden Sie das Fruchtfleisch in Stücke und mischen diese mit dem Zitronensaft, der Chilischote, den Zwiebeln und dem Knoblauch. Alles zusammen pürieren.

3 Geben Sie den Gemüsefond und das Mineralwasser hinzu und rühren Sie alles noch einmal gut durch.

4 Anschließend mit Pfeffer und Salz abschmecken und den Koriander unterrühren. Alles kühl stellen.

5 Kurz vor dem Verzehr legen Sie die Shrimps als Verzierung mit dazu.

Die kalte Avocadosuppe mit Shrimps ist eine perfekte Ergänzung zur sommerlichen Grillparty oder auch als schnelle Vorspeise gut geeignet.

GURKENSALAT MIT SARDELLEN

2 Gläser
(à 250 ml)

15 Min.

Leicht

Zutaten

100 g Anchovis in Öl
70 ml Essiggurkenflüssigkeit
1 Salatgurke
2 EL weißer Balsamicoessig
1 Zwiebel
½ Bund Schnittlauch
Pfeffer
Salz

Nährwerte p. Glas

212 kcal
6 g Kohlenhydrate
16 g Fett
10 g Eiweiß

1 Lassen Sie die Anchovis abtropfen und schneiden Sie sie klein.

2 Danach die Gurke schälen, halbieren und in Würfel schneiden. Auch die Essiggurken abtropfen lassen und in kleine Stücke schneiden. Ziehen Sie die Zwiebel ab und würfeln Sie diese ebenfalls klein.

3 Anschließend alles mit dem weißen Balsamico und der Essiggurken-Flüssigkeit vermischen. Mit Pfeffer und Salz abschmecken und alles für 30 Minuten gut durchziehen lassen.

4 Waschen Sie den Schnittlauch und schneiden Sie diesen in feine Röllchen. Einige Halme werden als Verzierung zur Seite gelegt.

5 Bevor Sie den Salat in Einmachgläser umfüllen und servieren, geben Sie den Schnittlauch unter die Masse und garnieren einige Halme oben auf.

Der Salat lässt sich auch mit Tomaten als Alternative vorbereiten. Reichen Sie dazu Baguette.

MATJES MIT PAPAYA

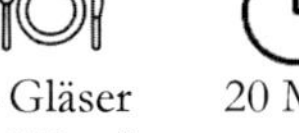

4 Gläser (à 250 ml) | 20 Min. | Leicht

Zutaten

400 g Papaya
4 Frühlingszwiebeln
2 EL Olivenöl
½ Zitrone (Abrieb + Saft)
1 rote Chilischote
640 g Matjesfilet
4 Stiele Dill
Pfeffer
Salz

Nährwerte p. Glas

475 kcal
10 g Kohlenhydrate
37 g Fett
26 g Eiweiß

1 Halbieren Sie die Papaya und entfernen Sie die Kerne. Das funktioniert am besten mit einem Löffel. Schälen Sie dann die Frucht und schneiden Sie das Fruchtfleisch in Würfel.

2 Spülen Sie die Zitronenhälfte heiß ab, pressen Sie den Saft heraus und reiben Sie die Schale ab. Die Papayawürfel dann mit etwas Zitronensaft beträufeln.

3 Waschen Sie die Frühlingszwiebeln und schneiden diese in kleine Ringe. Die Chilischote wird der Länge nach halbiert und gehackt, die Kerne werden entfernt.

4 Für die Sauce nehmen Sie den restlichen Zitronensaft sowie die geriebene Schale der Zitrone und verrühren alles mit Pfeffer, Salz und Öl.

5 Die Matjesfilets werden in Stücke geschnitten und mit dem Chili und den Zwiebeln vermischt.

6 Geben Sie alles in vier Einmachgläser und legen Sie die Papayawürfel als Verzierung oben auf. Dann wird alles mit der Sauce übergossen und für 1 Std. abgedeckt durchziehen lassen.

7 Waschen Sie den Dill, tupfen Sie diesen trocken und zupfen Sie einige Fähnchen ab. Legen Sie die Dill-Fähnchen auf die Papayawürfel und servieren Sie den Matjes mit Baguette, Kräuterbutter oder Pasta.

Vegetarisch

ANANAS EINMACHEN

3 Gläser (à 500 ml)

1 Std., ca. 35 Min. Koch-/ Backzeit

Mittel

Zutaten

2 mittelgroße Ananas (frisch)
300 g Zucker
1 l Wasser

Nährwerte p. Glas

1133 kcal
248 g Kohlenhydrate
3 g Fett
6 g Eiweiß

1 Kochen Sie aus dem Wasser und dem Zucker eine Lösung. Der Kochvorgang sollte so lange dauern, bis sich der Zucker vollständig aufgelöst hat. Dann stellen Sie die Zuckerlösung zum Abkühlen zur Seite. Die Menge aus dem Rezept passt für 3 Einmachgläser á 500 ml Volumen.

2 Bürsten Sie die Ananas nun und befreien Sie diese von grobem Schmutz.

3 Dann nehmen Sie die Ananas (mit Schale) und schneiden mit einem scharfen Messer oder einer Schneidemaschine ca. 1 cm dicke Scheiben. Der Clou bei diesem Vorgang ist, dass Sie danach genau sehen können, wie viel Schale Sie abschneiden müssen, ohne zu viel von der Ananas wegzuschneiden.

4 Entfernen Sie jetzt an allen Scheiben die Schale und den mittleren Teil. Für den inneren Teil passt auch sehr gut ein Gepäckausstecher. Sollten Sie Stücke bevorzugen, können Sie die Scheiben jetzt natürlich auch noch klein schneiden.

5 Schichten Sie die Ananasscheiben oder -stücke nun nacheinander in die Gläser. Dann übergießen Sie alles mit der Zuckerlösung. Dabei sollte am oberen Rand 1 cm frei bleiben. Dann die Gläser fest verschließen.

6 Nun können Sie die Gläser in einem Wasserbad bei 85 °C für ca. 35 Minuten einkochen.

SOLEIER

1 Glas
(à 1 l)

10 Min. Vorbereitung, ca. 15 Std. Ruhezeit, 12 Min. Koch- / Backzeit

Leicht

Zutaten

10 Eier
1 Lorbeerblatt
800 ml Wasser
1 ½ EL Salz
3 Chilischoten (getrocknet)
2 EL Pfefferkörner
2 EL Senfkörner
1 mittelgroße Zwiebel

Nährwerte p. Glas

1040 kcal
25 g Kohlenhydrate
66 g Fett
84 g Eiweiß

1 Nehmen Sie alle Zutaten, außer die Eier, und kochen Sie diese mit dem Wasser kurz auf. Dann lassen Sie alles für ca. 12 Minuten bei mittlerer Hitze köcheln.

2 Währenddessen kochen Sie die Eier für 12 Minuten hart und schrecken sie danach unter kaltem Wasser ab. Nachdem die Eier nochmals abgekühlt sind, entfernen Sie die Schalen.

3 Sobald Eier und Sole nach ca. 1–3 Std. auf Zimmertemperatur abgekühlt sind, legen Sie die Eier vorsichtig in ein Einmachglas und übergießen diese mit der Sole. Einen Tag später haben die Eier den Geschmack der Sole aufgesogen und schmecken hervorragend zu Senf.

NUDELSALAT MEDITERRAN

4 Gläser (à 250 ml) | 40 Min. | Leicht

Zutaten

400 g Muschelnudeln, Vollkorn
1 Zucchini
1 rote Paprikaschote
4 EL Olivenöl
1 Knoblauchzehe
20 g Pinienkerne
100 ml Gemüsebrühe
40 g getrocknete Tomaten (in Öl eingelegt)
150 g Kirschtomaten
60 g entsteinte schwarze Oliven
10 g Kräuter (z. B. Petersilie)
2 EL weißer Balsamicoessig
Pfeffer
Salz

Nährwerte p. Glas

510 kcal
70 g Kohlenhydrate
17 g Fett
18 g Eiweiß

1 Kochen Sie die Nudeln in kochendem Wasser, bis diese bissfest sind. Dann gießen Sie das Wasser ab und schrecken die Nudeln mit kaltem Wasser ab. Danach zum Abtropfen zur Seite stellen.

2 Währenddessen die Paprikaschote waschen, halbieren und in kleine Stücke schneiden. Dasselbe auch mit der Zucchini machen. Den Knoblauch schälen Sie und hacken diesen ganz fein.

3 Erhitzen Sie nun 1 EL Öl in einer Pfanne und dünsten Sie den Knoblauch glasig. Dann Zucchini und Paprika dazugeben und mit Pfeffer und Salz würzen. Alles für 2–3 Minuten bei mittlerer Hitze braten. Danach die Brühe hinzugeben und nochmals 3 Minuten kochen lassen. Nehmen Sie nun die Pfanne vom Herd und lassen Sie alles abkühlen.

4 Die Pinienkerne werden jetzt ohne Fett in einer Pfanne goldbraun geröstet. Das klappt am besten bei mittlerer Temperatur. Dann nehmen Sie die Kerne heraus und lassen sie abkühlen.

5 Lassen Sie die getrockneten Tomaten abtropfen und hacken Sie diese dann einmal grob. Oliven werden in Scheiben geschnitten.

6 Nun die Kirschtomaten waschen und in Viertel schneiden. Nehmen Sie dann die Kräuter, waschen Sie diese und schütteln Sie sie trocken. Danach hacken Sie die Kräuter und geben sie mit den Tomaten zum Gemüse.

7 Mischen Sie nun alle vorbereiteten Zutaten mit dem restlichen Öl sowie dem Balsamicoessig und schmecken Sie das Ganze mit Pfeffer und Salz ab.

Der Salat eignet sich sehr gut für den Verzehr unterwegs, auf der Arbeit und in der Schule oder Uni.

ROSENKOHL

2 Gläser (à 500 ml) | 20 Min. | Leicht

Zutaten

800 g Rosenkohl
125 ml Weißweinessig
75 g Zucker
½ EL Salz
1 TL Pfefferkörner
2 TL Dillsamen

Nährwerte p. Glas

296 kcal
51 g Kohlenhydrate
1 g Fett
18 g Eiweiß

1 Entfernen Sie am Rosenkohl die äußeren Blätter und schneiden Sie das Strunkende heraus. Dann waschen Sie den Rosenkohl und lassen ihn abtropfen.

2 Nun kochen Sie in einem Topf Zucker, Pfefferkörner, Essig, Salz und Dillsamen gemeinsam mit dem Wasser auf. Geben Sie dann die Rosenkohlköpfe hinzu und lassen Sie alles 4–6 Minuten garen, bis der Rosenkohl bissfest ist.

3 Geben Sie nun den Rosenkohl in zuvor sterilisierte Einmachgläser und füllen Sie diese mit dem Garsud, bis der Rosenkohl komplett bedeckt ist.

4 Verschließen Sie die Gläser und lassen Sie diese mit dem Deckel nach unten abkühlen. Das Rezept reicht für zwei Gläser mit einem Volumen von je 500 ml.

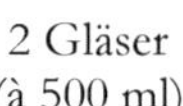

SALAT MIT MAIS UND GEMÜSE

3 Gläser
(à 250 ml)

25 Min.

Leicht

Zutaten

2 große Tomaten
1 EL Zitronensaft
1 Avocado
2 gegarte Kartoffeln
4 EL Mais
2 EL Rosinen
3 EL Keimöl
2 EL Weißweinessig
Pfeffer
Salz

Nährwerte p. Glas

309 kcal
29 g Kohlenhydrate
19 g Fett
5 g Eiweiß

1 Kochen Sie Wasser, gießen Sie dieses über die Tomaten und lassen Sie das Ganze für einige Sekunden ziehen. Dann schrecken Sie die Tomaten ab und entfernen die Haut. Nun in Viertel schneiden, entkernen und kleine Stücke schneiden.

2 Dann nehmen Sie die Avocado und halbieren diese. Entfernen Sie den Stein und heben Sie das Fruchtfleisch aus der Schale. Nun alles in Scheiben schneiden und mit dem Zitronensaft beträufeln.

3 Waschen Sie die Paprika und halbieren Sie diese. Dann entnehmen Sie die Kerne sowie die weiße Haut und schneiden alles in Streifen. Die Kartoffeln werden nun in kleine Stückchen geschnitten.

4 Mischen Sie nun das Gemüse mit den Rosinen und dem Mais.

5 Vermischen Sie nun den Gemüsesalat mit Pfeffer, Salz, Öl und Essig und geben Sie diesen in vorbereitete Einmachgläser.

Im Kühlschrank aufbewahrt, bleibt der Salat einige Tage haltbar. Perfekt zur Vorbereitung des Mittagessens oder für einen gemütlichen Abend mit Freunden und der Familie. Dazu schmeckt Baguette.

ZIEGENKÄSE AN ÖL

2 Gläser (à 250 ml) | 30 Min. | Leicht

Zutaten

250 g Feta (Ziegenmilch)
1 rote Pfefferschote
250 g Ziegenfrischkäsetaler
4 Rosmarinzweige
2 Knoblauchzehen
200 ml Olivenöl
½ unbehandelte Zitrone
1 TL Chiliflocken, getrocknet
Salz (grob)

Nährwerte p. Glas

1596 kcal
4 g Kohlenhydrate
154 g Fett
52 g Eiweiß

1 Bereiten Sie die Einmachgläser vor und sterilisieren Sie diese mit kochendem Wasser.

2 Dann schneiden Sie den Fetakäse in Scheiben (ca. 0,5 cm dick) und schichten diese zusammen mit den Frischkäsetalern in die vorbereiteten Gläser. Schneiden Sie dann die Pfefferschote längs in dünne Ringe. Dann waschen Sie die Zitrone mit heißem Wasser und trocknen diese ab. Danach ebenfalls in Scheiben schneiden.

3 Nehmen Sie den Rosmarin zur Hand und zupfen Sie an diesem die Nadeln ab. Danach geben Sie die Zitronenscheiben, den Salbei, den Knoblauch und die Pfefferschote in die Gläser hinzu.

4 Gießen Sie nun die Gläser mit dem Öl bis zum Rand auf und streuen Sie etwas Salz und Chiliflocken darüber.

5 Anschließend die Gläser gut verschließen und für 1 Woche an einem dunklen und kühlen Ort durchziehen lassen.

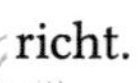

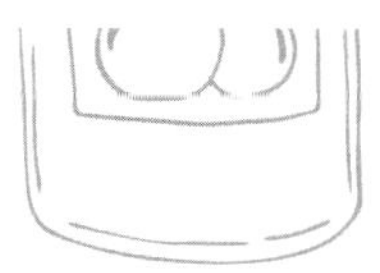

Genießen Sie den Feta zu warmem Baguette oder einem leckeren Fleischgericht.

SAUERKRAUT MIT APFEL

4 Gläser (à 250 ml) | 30 Min. | Leicht

Zutaten

1 Weißkohl (ca. 1 kg)
2 EL Salz
400 ml Weißweinessig
1 EL Zucker
1 TL Wacholderbeere
2 Äpfel
4 Lorbeerblätter, frisch

Nährwerte p. Glas

144 kcal
30 g Kohlenhydrate
1 g Fett
4 g Eiweiß

1 Vierteln Sie den Weißkohl und entfernen Sie den Strunk. Dann hobeln Sie den Kohl fein. Lassen Sie nun Wasser, Essig, Zucker, Wacholder, Salz und Lorbeerblätter aufkochen und fügen Sie dann den vorbereiteten Kohl hinzu. Danach weitere 4–5 Minuten kochen, bis der Kohl bissfest ist.

2 Waschen Sie dann die Äpfel, vierteln und entkernen Sie diese. Danach schneiden Sie die Äpfel in dünne Scheiben.

3 Nun geben Sie die Äpfel mit in den Topf und lassen alles nochmals aufkochen. Nehmen Sie direkt nach dem Aufkochen alles mit einem Schaumlöffel aus dem Sud und verteilen Sie es auf die zuvor sterilisierten Einmachgläser. Kochen Sie dann den Sud nochmals auf und gießen Sie diesen kochend heiß über den Kohl. Alles sollte gut bedeckt sein.

4 Verschließen Sie die Gläser und lassen Sie alles abkühlen. Das Sauerkraut nun an einem kühlen und dunklen Ort ca. 4 Wochen ziehen lassen.

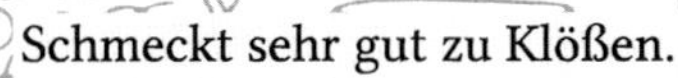

Schmeckt sehr gut zu Klößen.

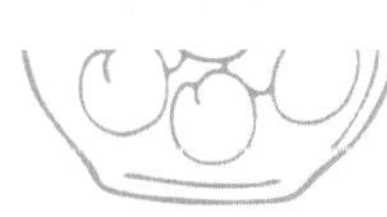

CHIPS AUS OBST

1 Glas (à 1 l)

10 Min Vorbereitung, 190 Min. Ruhezeit

Leicht

Zutaten

1 kg Äpfel
6 EL Zitronensaft
1 kg Birnen

Nährwerte p. Glas

1152 kcal
269 g Kohlenhydrate
4 g Fett
8 g Eiweiß

1 Heizen Sie den Ofen auf 80 °C Umluft vor. Waschen Sie das Obst und hobeln Sie es in dünne Scheiben. Verrühren Sie dann 100 ml Wasser mit dem Zitronensaft in einer Schüssel und legen Sie die Obstscheiben hinein. Lassen Sie danach alles auf einem Küchentuch abtrocknen.

2 Legen Sie im Anschluss die Scheiben auf ein mit Backpapier ausgelegtes Backblech und lassen Sie alles für 2–3 Std. trocknen. Dabei die Backofentür leicht geöffnet lassen.

3 Geben Sie die Chips dann in das Einmachglas und verschließen Sie dieses.

Geschlossen und an einem kühlen, dunklen Ort gelagert, bleiben die Chips mehrere Monate haltbar.

Vegan

WÜRZIGE ZUCCHINISUPPE

2 Gläser (à 250 ml)

30 Min. Vorbereitung, 20 Min. Kochzeit

Leicht

Zutaten

2 Zucchini
200 g mehligkochende Kartoffeln
1 Zwiebel
1 EL Olivenöl
2 Knoblauchzehen
1 Petersilie
500 ml Gemüsebrühe
1 EL Nussöl (nach Belieben)
Pfeffer
Salz
Muskat

Nährwerte p. Glas

233 kcal
25 g Kohlenhydrate
11 g Fett
8 g Eiweiß

1 Schälen Sie die Knoblauchzehen und die Zwiebel und schneiden Sie beides in kleine Würfel. Dann waschen Sie die Zucchini und schneiden auch diese in kleine Würfel. Mit den Kartoffeln verfahren Sie ebenso.

2 Dann erhitzen Sie das Öl in einem Topf und lassen die Kartoffeln darin für 2–3 Minuten von allen Seiten anbraten. Löschen Sie diese dann nach der Bratzeit mit der Brühe ab. Lassen Sie alles für 15–20 Minuten bei mittlerer Hitze köcheln.

3 Im nächsten Schritt nehmen Sie die Petersilie und waschen diese gründlich. Dann tupfen Sie sie trocken und hacken sie grob. Die Petersilie wird dann zur Zucchinisuppe gegeben.

4 Pürieren Sie alles mit einem Pürierstab, bis eine cremige Konsistenz entsteht. Mit Pfeffer, Salz und Muskat abschmecken und in vorbereitete Einmachgläser füllen. Dann können Sie über die Suppe auch noch etwas Nussöl träufeln.

Kurz vor dem Verzehr nochmals kurz aufgewärmt, eignet sich die Suppe sehr gut für eine vollwertige Mahlzeit. Ebenso lässt sie sich in kleinen Gläsern schön für eine Feier herrichten.

APFEL-KÜRBIS-CHUTNEY

3 Gläser (à 250 ml)

75 Min.

Leicht

Zutaten

800 g Kürbis-Fruchtfleisch (ohne Kerne und Schale)
1 große Mango, reif
2 Äpfel
50 g Kürbiskerne
100 g Rosinen
2 EL Senfsamen, hell
400 ml Obstessig
1 TL Salz
100 g Reissirup
¼ TL Cayennepfeffer

Nährwerte p. Glas

526 kcal
84 g Kohlenhydrate
12 g Fett
14 g Eiweiß

1 Schneiden Sie das Kürbisfleisch in Würfel. Dann schälen Sie die Äpfel, vierteln und entkernen sie. Danach die Mango schälen und das Fruchtfleisch vom Stein entfernen.

2 Geben Sie alles mit den übrigen Zutaten in einen Topf und lassen Sie es aufkochen. Dabei immer einmal wieder umrühren und ca. 40 Minuten kochen lassen. Die Konsistenz sollte dick werden. Nach dem Kochen geben Sie das Chutney dann in sterilisierte Einmachgläser und verschließen diese.

3 Jetzt die Gläser umdrehen und mit dem Deckel nach unten für 15 Minuten abkühlen lassen. Drehen Sie die Gläser nach dieser Zeit um und lassen Sie alles weiter auskühlen.

An einem dunklen und kühlen Ort ist das Chutney für bis zu 3 Monate haltbar. Es schmeckt lecker zu Reis oder auf einer Scheibe Brot.

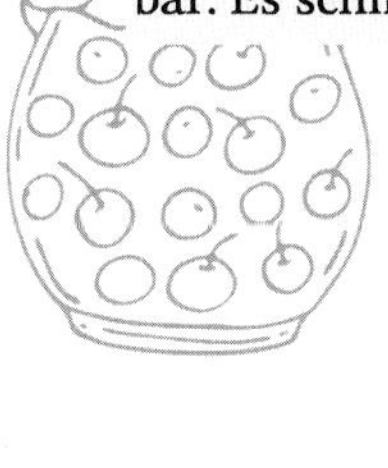

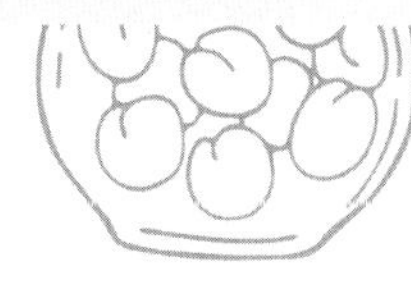

BULGURSALAT

4 Gläser (à 250 ml)

30 Min. Vorbereitung, 80 Min. Koch-/ Backzeit

Leicht

Zutaten

250 g Bulgur (fein)
2 Tomaten
1 Petersilie (frisch)
2 Paprikaschoten
2 Frühlingszwiebeln
1 EL Ajvar
3 EL Tomatenmark
4 EL Olivenöl
1 TL Zitronensaft
1 TL Sambal Oelek
Paprikapulver
Knoblauchpulver
Pfeffer
Salz

Nährwerte p. Glas

331 kcal
49 g Kohlenhydrate
11 g Fett
8 g Eiweiß

1 Geben Sie den Bulgur in eine Schüssel und gießen Sie handwarmes Wasser hinzu. Der Bulgur sollte bedeckt sein. Dann lassen Sie ihn für 20 Minuten quellen.

2 Waschen Sie die Paprika und entfernen Sie weiße Trennhäute sowie Kerne. Dann schneiden Sie diese in kleine Würfel.

3 Nun waschen Sie die Tomaten und befreien diese von Stielansatz und Kernen. Dann ebenfalls in kleine Würfel schneiden.

4 Die Frühlingszwiebeln werden nun gewaschen und in kleine Ringe geschnitten.

5 Waschen Sie nun die Petersilie und zupfen Sie sie trocken. Danach die Blätter hacken.

6 Vermischen Sie das Olivenöl mit Sambal Oelek, Ajvar, Tomatenmark, Zitronensaft und etwas Knoblauch- sowie Paprikapulver in einer Schüssel. Diese Mischung geben Sie nun zu dem Bulgur und verrühren alles mit den Paprikaschoten, den Tomaten, der Petersilie und den Frühlingszwiebeln.

7 Lassen Sie den Bulgur für ca. 1 Std. durchziehen. Danach schmecken Sie alles mit Pfeffer und Salz ab und füllen es in Einmachgläser.

Der Salat kann gut vorbereitet und zur Arbeit, Schule oder Uni mitgenommen werden. Ein gesunder und abwechslungsreicher Genuss für unterwegs.

EINGELEGTE AUBERGINEN

3 Gläser (à 250 ml)

20 Min. Vorbereitung

Leicht

Zutaten

1 kg Auberginen
2 EL Pfefferkörner
600 ml Olivenöl
6 Lorbeerblätter (frisch)
6 Chilischoten (getrocknet)
Salz

Nährwerte p. Glas

990 kcal
5 g Kohlenhydrate
108 g Fett
3 g Eiweiß

1 Waschen Sie die Auberginen und entfernen Sie die Enden. Dann schneiden Sie alles quer in Scheiben.

2 Nehmen Sie das Salz und geben Sie etwas davon über die Auberginen. Lassen Sie diese nun für 10 Minuten ziehen und tupfen Sie die Auberginen danach trocken.

3 Die Auberginen werden nun kurz in heißem Olivenöl angebraten und in vorbereitete Einmachgläser gefüllt. Mit Pfefferkörnern, Chili und Lorbeerblättern bestreuen.

4 Füllen Sie dann alles mit Olivenöl auf, sodass die Auberginen komplett bedeckt sind. Verschließen Sie die Gläser gut und lagern Sie sie dunkel und trocken.

Die Auberginen passen hervorragend als Antipasti, oder Beilage.

WEIẞKOHL MIT PFLAUMEN

3 Gläser (à 1 l)

30 Min. Vorbereitung

Leicht

Zutaten

1 kg Weißkohl
250 g Lauch
400 g Pflaumen oder Zwetschgen
2 EL Salz
700 ml Weißweinessig
1 TL Kümmelsamen
1 EL Zucker

Nährwerte p. Glas

191 kcal
37 g Kohlenhydrate
1 g Fett
7 g Eiweiß

1 Putzen Sie den Weißkohl und halbieren Sie diesen. Dann entfernen Sie den Strunk und hobeln alles fein.

2 Waschen Sie die Pflaumen und halbieren Sie diese. Entfernen Sie anschließend die Steine.

3 Nun wird der Lauch ebenfalls gewaschen und in Ringe geschnitten.

4 Bringen Sie das Wasser mit Zucker, Salz, Essig und Kümmelsamen zum Kochen.

5 Geben Sie die Pflaumen mit dem Kohl abwechselnd in vorbereitete Einmachgläser und übergießen Sie alles mit der heißen Brühe. Alles sollte gut bedeckt sein.

6 Verschließen Sie die Gläser und lassen Sie diese umgedreht, mit dem Deckel nach unten, auskühlen.

Das Rezept eignet sich für 3 Gläser mit einem jeweiligen Volumen von 1 Liter.

MARINIERTE GURKEN

2 Gläser (à 500 ml)

2 Std. 45 Min. Vorbereitung

Leicht

Zutaten

1 kg Einlegegurken
2 Knoblauchzehen
1 Zwiebel
350 ml Obstessig
3 EL Petersilie, frisch gehackt
1 TL Pimentkörner
1 TL Senfsamen
Pfeffer
Salz

Nährwerte p. Glas

98 kcal
17 g Kohlenhydrate
1 g Fett
4 g Eiweiß

1 Waschen Sie die Gurken und schneiden Sie diese in dünne Scheiben. Danach bestreuen Sie diese mit Salz und lassen alles 2 Std. durchziehen. Im Anschluss tupfen Sie die Gurken trocken.

2 Entfernen Sie nun die Schale von Zwiebel und Knoblauch und würfeln Sie beides fein.

3 Mischen Sie die Petersilie mit Knoblauch, Zwiebeln und Gurkenscheiben und füllen Sie alles in vorbereitete Einmachgläser.

4 Dann nehmen Sie einen Topf und kochen darin das Wasser mit Pfeffer, Salz, Senfkörnern, Pimentkörnern und Zucker auf. Den heißen Sud gießen Sie dann über die Gurkenscheiben in den Gläsern. Die Gurken sollten dabei komplett bedeckt sein.

5 Schließen Sie die Gläser und stellen Sie diese auf den Deckel. Dann noch für 10 Minuten ruhen lassen.

6 Drehen Sie die Gläser danach langsam um und lassen Sie alles auskühlen. Die Gurken für ca. 4 Wochen durchziehen lassen, damit sie das Aroma vollständig aufsaugen können.

Entnehmen Sie die Gurken immer mit einer sauberen Gabel und verschließen Sie den Deckel zügig wieder. Kühl gelagert sind die Gurken einige Monate haltbar.

ROTKOHL

4 Gläser (à 250 ml)

30 Min.

Leicht

Zutaten

1 kg Rotkohl
4 Lorbeerblätter
2 Wacholderbeeren
15 g Salz
1 TL Kümmel

Nährwerte p. Glas

58 kcal
9 g Kohlenhydrate
0 g Fett
4 g Eiweiß

1 Putzen und waschen Sie den Rotkohl und hobeln Sie diesen in feine Streifen. Mischen Sie den Rotkohl nun in einer Schüssel mit 10 g Salz und stampfen Sie alles weiter, bis sich Saft bildet. Geben Sie nun Kümmel, Wacholderbeeren und Lorbeerblätter hinzu und vermischen Sie alles miteinander. Dann schichten Sie alles in zuvor sterilisierte Einmachgläser.

2 Kochen Sie das restliche Salz mit 500 ml Wasser auf und gießen Sie die Brühe über den Kohl. Verschließen Sie dann die Gläser und lassen Sie alles für ca. 4 Wochen an einem dunklen und kühlen Ort ziehen.

Der eingelegte Rotkohl passt geschmacklich sehr gut zu Brot und Baguette.

GEMÜSESUPPE

2 Gläser (à 500 ml) | 40 Min. | Leicht

Zutaten

1 Kohlrabi
1 Paprikaschote
1 Möhre
1 Kartoffel
½ Zwiebel
1 Tomate
Gemüsebrühe
Salz
Pfeffer

Nährwerte p. Glas

98 kcal
17 g Kohlenhydrate
1 g Fett
4 g Eiweiß

1 Schneiden Sie das Gemüse klein und geben Sie alles, bis auf die Tomate, in einen Topf.

2 Bereiten Sie die Gemüsebrühe zu und geben Sie diese in den Topf, bis das Gemüse damit bedeckt ist. Nun sollte das Gemüse so lange kochen, bis es weich ist. Das können Sie am besten mit einer Gabel oder einem Stäbchen testen.

3 Würfeln Sie die Tomaten und geben Sie diese mit dazu. Dann alles pürieren, abschmecken und je nach Belieben mit Salz und Pfeffer würzen.

4 Füllen Sie die Suppe in zuvor heiß ausgespülte Gläser ab und verschließen Sie diese sofort. Beim Einfüllen sollten Sie darauf achten, dass die Suppe bis zum Rand der Gläser eingefüllt ist.

5 Lassen Sie die Gläser nach dem Verschließen bis zu 5 Minuten über Kopf abkühlen. Danach in den Kühlschrank stellen.

6 Wenn Sie die Suppe nun warm genießen möchten, erhitzen Sie etwas Wasser in einem Topf und geben das Glas zum Aufwärmen hinein. Diese Variante eignet sich auch sehr gut zur Vorbereitung von Babynahrung in der Beikost-Zeit. Hierbei ist es ratsam, darauf zu achten, Lebensmittel in biologischer Form zu verwenden. Für das Vorbereiten von Babynahrung können Sie auch problemlos kleinere Einmachgläser nutzen und einzelne, kleine Portionen abfüllen und einfrieren. So haben Sie immer eine frische Portion Brei zur Verfügung, ohne täglich kochen zu müssen.

Schnelles für Unterwegs

FRUCHTIGE HAFERFLOCKEN

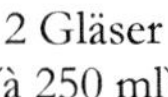

2 Gläser (à 250 ml) | 10 Min. | Leicht

Zutaten

100 g zarte Haferflocken
300 g Blaubeeren
2 Bananen
1 TL Ahornsirup
60 g Walnüsse
400 ml Milch

Nährwerte p. Glas

352 kcal
36 g Kohlenhydrate
16 g Fett
10 g Eiweiß

1 Waschen Sie die Blaubeeren und lassen Sie diese abtropfen.

2 Danach schälen Sie die Bananen und schneiden sie in dünne Scheiben.

3 Geben Sie die Milch mit Haferflocken und Ahornsirup in eine Schüssel und verrühren Sie alles miteinander.

4 Dann füllen Sie die Mischung in Einmachgläser, setzen die Blaubeeren als Garnitur obenauf und verschließen die Deckel.

Ein nahrhafter, gesunder und schnell zubereiteter Snack für zwischendurch.

TOMATENSALAT MIT RADIESCHEN

4 Gläser (à 250 ml)

10 Min.

Leicht

Zutaten

1 Bund Radieschen
1 ½ Salatgurke
250 g Kirschtomaten
1 Bund Rucola
3 EL Zitronensaft
4 EL Olivenöl
1 TL Senf
1 TL Honig
40 g Pinienkerne
½ Bund Basilikum
Pfeffer
Salz

Nährwerte p. Glas

199 kcal
8 g Kohlenhydrate
16 g Fett
5 g Eiweiß

1 Nehmen Sie die Radieschen und die Gurke und waschen Sie diese. Dann die Gurke in kleine Würfel schneiden und die Radieschen dünn in Scheiben. Der Rucola wird gewaschen und geschüttelt, bis er trocken ist. Tomaten ebenfalls waschen und danach halbieren.

2 Jetzt mischen Sie den Zitronensaft mit Öl, Honig und Senf und schmecken das Dressing mit Pfeffer und Salz ab. Danach geben Sie das vorbereitete Gemüse und den Salat in eine Schüssel und verrühren alles mit der Salatsauce.

3 Lassen Sie die Pinienkerne in einer fettfreien Pfanne bei mittlerer Hitze 3 Minuten anrösten und legen Sie diese dann auf den Salat. Basilikum ebenfalls waschen, trocken schütteln und mit über den fertigen Salat geben.

4 Füllen Sie das Ganze in Einmachgläser und Sie haben einen knackig frischen Salat für unterwegs.

PUDDING MIT HONIG

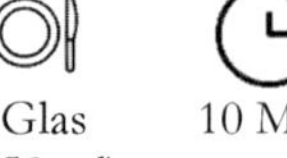

1 Glas (à 250 ml) | 10 Min. | Leicht

Zutaten

½ Vanilleschote
250 ml Milch
35 g Speisestärke (3 ½ EL)
2 Eier
1 EL Honig

Nährwerte p. Glas

161 kcal
18 g Kohlenhydrate
6 g Fett
7 g Eiweiß

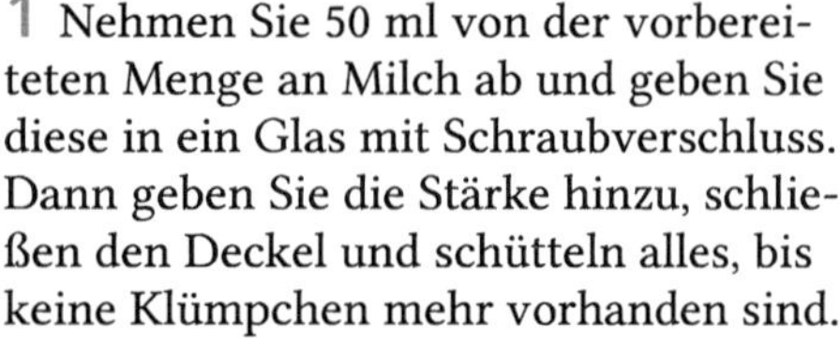

1 Nehmen Sie 50 ml von der vorbereiteten Menge an Milch ab und geben Sie diese in ein Glas mit Schraubverschluss. Dann geben Sie die Stärke hinzu, schließen den Deckel und schütteln alles, bis keine Klümpchen mehr vorhanden sind.

2 Trennen Sie die Vanilleschote auf und holen Sie das Mark heraus. Geben Sie dieses in eine Schüssel und trennen Sie dann die Eier.

3 Dann wird die übrige Milch mit dem Vanillemark und der Vanilleschote auf kleiner Hitze zum Kochen gebracht.

4 Rühren Sie die Mischung mit Stärke aus dem Glas in die kochende Milch hinein und lassen Sie alles eine Minute aufkochen. Dabei alles durchrühren. Danach lassen Sie den Honig in die warme Milch hineinfließen und nehmen den Topf vom Herd.

5 Jetzt können Sie die Vanilleschote aus dem Pudding entfernen.

6 Geben Sie die Eigelbe in eine Schüssel und fügen Sie dann eine Kelle der Vanillemilch hinzu. Verrühren Sie beides miteinander und geben Sie dann alles der restlichen Milch im Topf bei.

7 Schlagen Sie die Eiweiße mit Salz zu einem steifen Schnee und ziehen Sie alles vorsichtig unter die Puddingcreme. Jetzt können Sie den Pudding in das Einmachglas abfüllen und unterwegs genießen.

FRUCHTIGER HÜTTENKÄSE

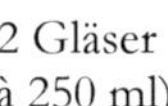

2 Gläser (à 250 ml) | 20 Min. | Leicht

Zutaten

400 g Hüttenkäse
30 g Mandeln
1 Kiwi
1 Orange
75 g Erdbeeren
½ Mango
1 EL Honig

Nährwerte p. Glas

454 kcal
39 g Kohlenhydrate
18 g Fett
31 g Eiweiß

1 Lassen Sie die Mandeln in einer fettfreien Pfanne für 3–4 Minuten bei mittlerer Hitze rösten.

2 Pressen Sie eine halbe Orange aus, die andere Hälfte schälen Sie und schneiden sie in kleine Stücke. Mango und Kiwi ebenfalls schälen und das Fruchtfleisch in kleine Würfel schneiden. Waschen Sie die Erdbeeren und vierteln Sie diese. Danach das vorbereitete Obst mit dem Orangensaft in einer Schüssel vermischen.

3 Nehmen Sie den Hüttenkäse und verrühren Sie diesen mit dem Honig. Dann verteilen Sie alles gleichmäßig auf zwei Einmachgläser und schichten den Obstsalat darüber. Alles mit Pinienkernen bestreuen und fertig ist ein würzig-fruchtiger Snack für unterwegs.

MÖHRENSALAT MIT APFEL

1 Glas
(à 500 ml)

15 Min.

Leicht

Zutaten

2 Äpfel
2 Möhren
1 EL Rapsöl
3 EL Zitronensaft (frisch)
4 EL Apfelsaft
Pfeffer
Salz

Nährwerte p. Glas

167 kcal
25 g Kohlenhydrate
5 g Fett
1 g Eiweiß

1 Vermischen Sie den Apfelsaft mit Öl und Zitronensaft in einem Becher und schmecken Sie die Mischung mit Pfeffer und Salz ab.

2 Dann waschen und schälen Sie die Möhren und Äpfel. Entfernen Sie bei den Äpfeln das Kerngehäuse und raspeln Sie Möhren und Äpfel grob. Damit der Apfel nicht braun wird, verrühren Sie nach dem Raspeln alles zügig mit der Sauce.

3 In ein Einmachglas abgefüllt haben Sie einen frischen Salat zum Mitnehmen.

FRUCHTIGER BEEREN-QUARK

2 Gläser (à 250 ml)

15 Min.

Leicht

Zutaten

300 g Sahnequark
3 EL Leinöl
80 g Kokosmilch
10 g gehackte Mandeln
70 g Beerenmischung

Nährwerte p. Glas

500 kcal
7 g Kohlenhydrate
44 g Fett
19 g Eiweiß

1 Mischen Sie die Kokosmilch mit dem Leinöl und dem Quark.

2 Dann verlesen und waschen Sie die Beeren. Rösten Sie danach die Mandeln in einer fettfreien Pfanne für 3 Minuten auf mittlerer Temperatur.

3 Teilen Sie den Quark auf zwei Einmachgläser auf und geben Sie die Beeren hinzu. Dann alles mit Leinöl und gerösteten Mandeln belegen. Der fruchtige Quark eignet sich sehr gut bei einer bewusst eiweißreichen Ernährung und kann, praktisch in Einmachgläser gefüllt, ein frischer Begleiter für unterwegs sein.

KÜRBISSUPPE MIT KOKOS

2 Gläser (à 500 ml)

15 Min.

Leicht

Zutaten

375 g Hokkaido-Kürbis
20 g frischer Ingwer
1 Stange Zitronengras
1 TL Olivenöl
1 rote Chilischote
200 ml Kokosmilch
200 ml Gemüsebrühe
1 EL Kürbiskerne
Pfeffer Salz

Nährwerte p. Glas

152 kcal
12 g Kohlenhydrate
8 g Fett
6 g Eiweiß

1 Waschen und entkernen Sie den Kürbis. Dann schneiden Sie das Fruchtfleisch in kleine Würfel. In diesem Rezept nehmen wir einen Hokkaido-Kürbis, da dieser zusammen mit der Schale gekocht werden kann. Sie brauchen also den Kürbis nicht zu schälen.

2 Waschen Sie das Zitronengras, halbieren Sie es und schneiden Sie es in kleine Ringe. Der Ingwer wird geschält und in kleine Stücke geschnitten. Waschen, entkernen und hacken Sie dann die Chilischote.

3 Erhitzen Sie Olivenöl in einem Topf und dünsten Sie darin den Ingwer und das Zitronengras an. Fügen Sie Chili hinzu und gießen Sie alles mit Kokosmilch und Brühe auf. Lassen Sie das Ganze bei mittlerer Temperatur für 15 Minuten kochen. Der Kürbis sollte ganz weich sein.

4 Rösten Sie die Kürbiskerne in einer fettfreien Pfanne, bis Sie einen Duft wahrnehmen. Dann lassen Sie die Kerne abkühlen.

5 Pürieren Sie die Suppe und schmecken Sie alles noch einmal ab. Geben Sie die Suppe in vorbereitete Einmachgläser und garnieren Sie diese mit den Kürbiskernen.

Eine würzige, vollmundige Mahlzeit für unterwegs. Im Büro, in der Schule oder auf der Arbeit einfach kurz aufwärmen und genießen.

WINTERLICHES PORRIDGE

1 Glas (à 500 ml)

15 Min.

Leicht

Zutaten

60 g Haferflocken
150 ml kochendes Wasser (alternativ Milch bzw. Pflanzendrink)
1 Prise Salz
1 Stück Winterobst (z. B. Orange, Apfel, Birne)
1 Handvoll Nüsse
Gewürze nach Belieben

Nährwerte p. Glas

212 kcal
36 g Kohlenhydrate
4 g Fett
8 g Eiweiß

1 Mischen Sie das Salz mit den Haferflocken und übergießen Sie alles mit der warmen Flüssigkeit. Lassen Sie das Ganze für einige Minuten durchziehen.

2 Währenddessen waschen Sie das Obst und schneiden daraus kleine Stücke. Alternativ können Sie auch mit einer Reibe alles fein reiben.

3 Verrühren Sie das Obst mit dem Porridge und geben Sie nach Belieben Gewürze hinzu.

Als süßer, fruchtiger Snack für zwischendurch lässt sich das Porridge in ein Einmachglas füllen und genießen.

Desserts

SCHOKOKUCHEN

8 Gläser (à 350 ml) | 25 Min. | Leicht

Zutaten

200 g Dinkel-Vollkornmehl
310 g Butter
80 g Vollrohrzucker
100 g feine Haferflocken
1 Vanilleschote
4 Eier
2 TL Backpulver
100 g Zartbitterschokolade
120 ml Milch

Nährwerte p. Glas

566 kcal
40 g Kohlenhydrate
41 g Fett
10 g Eiweiß

1 Fetten Sie die Gläser innen mit 10 g Butter ein.

2 Die übrig gebliebene Butter schlagen Sie mit dem ausgeschabten Vanillemark und dem Vollrohrzucker cremig. Rühren Sie nach und nach die Eier unter.

3 Mischen Sie das Backpulver mit dem Mehl und den Haferflocken und geben Sie alles abwechselnd mit der Milch unter die Eiermasse. Es sollte ein geschmeidiger Teig entstehen.

4 Hacken Sie die Schokolade und heben Sie diese unter den Teig. Dann füllen Sie die Gläser jeweils zur Hälfte mit dem Teig (Teig geht hoch) und lassen alles im vorgeheizten Backofen für ca. 35 Minuten backen.

5 Nehmen Sie die Gläser aus dem Ofen und lassen Sie diese abkühlen.

In kleinen Einmachgläsern angerichtet, passt der Schokoladenkuchen gut zu einer Feier, Sie können den Kuchen aber auch auf Vorrat backen.

APFELKOMPOTT MIT KOKOSBLÜTENZUCKER

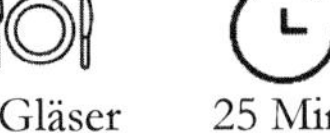

4 Gläser (à 250 ml) | 25 Min. | Leicht

Zutaten

800 g säuerliche Äpfel
1 Stange Zimt
50 g Kokosblütenzucker
200 ml klarer Apfelsaft
3 Pimentkörner

Nährwerte p. Glas

200 kcal
48 g Kohlenhydrate
0 g Fett
1 g Eiweiß

1 Schälen Sie die Äpfel und entnehmen Sie das Kerngehäuse. Vierteln Sie die Äpfel und schneiden Sie daraus Würfel oder Scheiben.

2 Karamellisieren Sie den Kokosblütenzucker bei mittlerer Hitze in einem Topf und geben Sie Pimentkörner und Zimt hinzu.

3 Gießen Sie den Apfelsaft dazu und lassen Sie alles aufkochen. Der Karamell sollte sich komplett auflösen. Geben Sie die Äpfel dazu und lassen Sie alles dünsten. Gelegentlich umrühren.

4 Füllen Sie das Apfelkompott dann in eine Schüssel und lassen Sie ihn auskühlen. Abgekühlt kann er dann in Einmachgläsern angerichtet werden.

Dazu passt auch Joghurt, Quark oder Kuchen.

APFELKUCHEN

4 Gläser (à 300 ml)

35 Min. Vorbereitung, 30 Min. Backzeit

Leicht

Zutaten

700 g Äpfel
100 g Dinkel-Vollkornmehl
2 Eier
3 EL Zitronensaft
150 g Butter
120 g Kokosblütenzucker
1 Prise Salz
1 TL Zimtpulver
50 g Speisestärke
Butter zum Einfetten
Brotbrösel

Nährwerte p. Glas

699 kcal
84 g Kohlenhydrate
37 g Fett
7 g Eiweiß

1 Sterilisieren Sie die Gläser und fetten Sie diese an den Innenseiten mit Butter ein. Dann bröseln Sie die Brotbrösel auf die Wände des Glases.

2 Die Äpfel werden gewaschen, das Kerngehäuse entfernt und dann geviertelt. Anschließend schneiden Sie kleine Scheiben aus den Vierteln. Beträufeln Sie alles mit Zitronensaft, damit die Äpfel nicht braun werden.

3 Trennen Sie die Eier und schlagen Sie die Eiweiße mit dem Salz gemischt zu einem steifen Schnee.

4 Verrühren Sie den Kokosblütenzucker mit der Butter und dem Zimt.

5 Heben Sie die Eigelbe unter die Zuckermasse und geben Sie Mehl und Stärke hinzu. Auch den Eischnee können Sie jetzt unterziehen.

6 Schichten Sie in die Einmachgläser Teig und Äpfel im Wechsel und lassen Sie alles im vorgeheizten Backofen für 30 Minuten bei 200 °C backen.

7 Verschließen Sie nach dem Backen die noch heißen Gläser mit den Deckeln und lassen Sie alles auskühlen.

Der Teig eignet sich für 4 Einmachgläser mit einem Volumen von je 300 ml. Der fertige Kuchen lässt sich sehr gut als Dessert anrichten oder als Snack für unterwegs genießen.

FRUCHTIGER JOGHURTGENUSS

4 Gläser (à 250 ml)

15 Min.

Leicht

Zutaten

1 Granatapfel
150 g Brombeeren
200 g Himbeeren
1 EL Honig
1 EL Zitronensaft
500 g Joghurt
4 Stiele Minze
1 TL Vanillepulver

Nährwerte p. Glas

194 kcal
24 g Kohlenhydrate
6 g Fett
7 g Eiweiß

1 Drücken Sie den Granatapfel außen herum an, halbieren Sie diesen und entfernen Sie vorsichtig die Kerne.

2 Waschen Sie die Brombeeren und Himbeeren. Nehmen Sie einige Himbeeren und legen Sie diese für die spätere Verzierung zur Seite. Drücken Sie die restlichen Beeren mit einer Gabel zu einer Masse.

3 Die Beeren-Masse wird mit der Hälfte der Granatapfelkerne, dem Honig, dem Vanillepulver und dem Zitronensaft vermischt und unter den Joghurt gerührt. Danach geben Sie die Joghurtcreme in vier vorbereitete Einmachgläser.

4 Waschen Sie die Minze und richten Sie diese zusammen mit den übrig gebliebenen Granatapfelkernen und den Himbeeren auf der Joghurtcreme an.

Ein fruchtig, frischer Genuss, der perfekt zum Sommer passt.

VANILLE-SCHOKOKUCHEN

6 Gläser (à 250 ml)

30 Min. Vorbereitung, 30 Min. Backzeit

Leicht

Zutaten

175 g Zucker
5 Eier
2 EL Vanillezucker
150 g Mehl
1 Prise Salz
150 g Speisestärke
250 g Butter
1 TL Backpulver
2 EL Milch
30 g Kakaopulver

Nährwerte p. Glas

736 kcal
79 g Kohlenhydrate
42 g Fett
10 g Eiweiß

1 Heizen Sie den Backofen auf 180 °C vor (Umluft). Reiben Sie die Einmachgläser an den Innenseiten mit Butter ein und bemehlen Sie diese.

2 Rühren Sie anschließend den Vanillezucker, den Zucker, das Salz und die Eier zu einer cremigen Masse.

3 Verrühren Sie das Backpulver mit Mehl und Speisestärke und heben Sie diese Mischung nach und nach unter die Eicreme.

4 Erwärmen Sie die Butter in einem Topf, sodass diese schmilzt, und geben Sie sie dann ebenfalls in den Teig.

5 Alles noch einmal kräftig durchrühren und dann die Hälfte des Teiges in die Einmachgläser füllen.

6 Die andere Hälfte verrühren Sie mit dem Kakao und der Milch und schichten diese dann auf den hellen Teig in die Gläser.

7 Das Ganze für 30 Minuten im Backofen backen lassen, herausnehmen und verschließen. Anschließend auskühlen lassen und nach Belieben mit Puderzucker servieren.

QUARKCREME

2 Gläser (à 250 ml)

15 Min.

Leicht

Zutaten

400 g Mangofruchtfleisch
100 g Ricotta
4 EL Haferflocken
100 g Quark
2 EL Zitronensaft
1 EL Honig

Nährwerte p. Glas

386 kcal
52 g Kohlenhydrate
12 g Fett
16 g Eiweiß

1 Rösten Sie die Haferflocken in einer fettfreien Pfanne an. Danach würfeln Sie das Mangofruchtfleisch.

2 Anschließend vermischen Sie den Quark mit Haferflocken, Ricotta und Honig. Dann wird der Zitronensaft untergerührt.

3 Nehmen Sie ⅔ der Mangowürfel ab und schichten Sie diese abwechselnd mit der Quarkcreme in kleine Einmachgläser. Die übrig gebliebenen Mangowürfel werden mit einigen Haferflocken als Verzierung auf der Quarkcreme angerichtet.

Dieses Dessert lässt sich sehr gut für eine Feier vorbereiten. Auch als Snack zwischendurch ist es sehr schnell hergerichtet.

ANANAS-KÄSEKUCHEN

4 Gläser (à 250 ml)

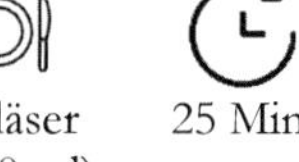
25 Min.

Leicht

Zutaten

300 g Ananas (Dose)
300 g Quark
100 ml Schlagsahne
150 g Amarettini
80 g Zucker
1 TL Vanillezucker

Nährwerte p. Glas

440 kcal
48 g Kohlenhydrate
19 g Fett
17 g Eiweiß

1 Lassen Sie die Ananas abtropfen und stellen Sie 4–5 EL der vorhandenen Flüssigkeit zur Seite. Dann schneiden Sie die Ananas in kleine Würfel.

2 Schlagen Sie die Sahne steif.

3 Anschließend verrühren Sie den Ananassaft, den Zucker, den Quark und den Vanillezucker in einer Schüssel und heben die Ananasstücke und die Sahne unter.

4 Geben Sie die Amarettini in eine Tüte und hacken Sie diese zu kleinen Bröseln. Geben Sie die Quarkcreme und die Amarettini-Brösel abwechselnd in Einmachgläser und richten Sie einige Brösel als Garnierung auf der Creme an.

5 Stellen Sie das Dessert mindestens eine Std. kühl, bevor Sie den fruchtigen Genuss verzehren.

Dips & Saucen

SAUCE AUS KRÄUTERN

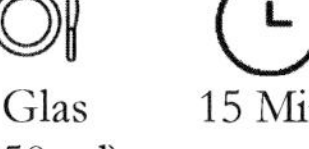

1 Glas (à 250 ml) | 15 Min. | Leicht

Zutaten

100 ml Olivenöl
1 Zwiebel
2 Knoblauchzehen
150 ml Gemüsebrühe
1 EL Senf, scharf
1 grüne Chilischote
2 Handvoll gemischte Kräuter
Salz

Nährwerte p. 50 g

84 kcal
1 g Kohlenhydrate
9 g Fett
0 g Eiweiß

1 Schälen Sie den Knoblauch und die Zwiebel. Dann würfeln Sie beides.

2 Waschen Sie anschließend die Chilischote und hacken Sie diese fein.

3 Dann wird alles für ca. 2 Minuten in 2 EL Öl leicht angeschwitzt und glasig gedünstet. Geben Sie die Brühe dazu und lassen Sie alles aufkochen. Anschließend abkühlen lassen.

4 Waschen Sie die Kräuter, zupfen Sie diese trocken und hacken Sie sie fein.

5 Geben Sie die Kräuter und den Senf zur Brühe hinzu und pürieren Sie alles mit einem Pürierstab.

6 Schmecken Sie die Sauce noch mit Salz ab und füllen Sie diese in ein großes Einmachglas. Das Rezept reicht aus, um ein Einmachglas zu füllen und die Sauce für eine Woche im Kühlschrank zu lagern.

AVOCADOCREME

 1 Glas (à 500 ml)

 15 Min.

Leicht

Zutaten

3 Avocados
80 g eingelegte Paprikaschote
2 Frühlingszwiebeln
1 EL Sesamöl
1 EL Sesamsamen
2 EL Zitronensaft
Pfeffer
Salz

Nährwerte p. 50 g

24 kcal
2 g Kohlenhydrate
2 g Fett
0 g Eiweiß

1 Schälen und halbieren Sie die Avocados und entfernen Sie die Kerne. Das Fruchtfleisch wird gewürfelt. Anschließend verarbeiten Sie die Stücke mit einer Gabel zu einer Creme.

2 Waschen Sie die Frühlingszwiebeln und schneiden Sie diese in feine Ringe. Auch die Paprikaschoten waschen und klein schneiden. Geben Sie dann alles mit Sesamsamen, Zitronensaft, Öl, Pfeffer und Salz unter die Avocadocreme.

3 Jetzt können Sie die Creme in Gläser abfüllen und kühl stellen oder sofort mit Rohkost-Streifen oder salzigen Crackern anrichten.

WÜRZIGE TOMATENSAUCE

4 Gläser (à 250 ml)

20 Min.

Leicht

Zutaten

2 kg Tomaten
4 Schalotten
4 Knoblauchzehen
2 Zweige Rosmarin
4 EL Olivenöl
4 Zweige Thymian
4 Zweige Oregano
1 TL Vollrohrzucker
Cayennepfeffer
Meersalz

Nährwerte p. 50 g

19 kcal
1 g Kohlenhydrate
1 g Fett
0 g Eiweiß

1 Waschen Sie die Tomaten und entfernen Sie den Stielansatz. Geben Sie die Tomaten anschließend kurz in kochendes Salzwasser und schrecken Sie diese ab. Dadurch lässt sich die Haut besser entfernen. Schneiden Sie das Fruchtfleisch in kleine Würfel.

2 Schalotten und Knoblauch werden ebenfalls geschält und in Würfel geschnitten.

3 Erhitzen Sie Öl in einer Pfanne und braten Sie den Knoblauch und die Schalotten darin glasig an. Dann geben Sie die Tomaten hinzu und lassen alles für eine Std. kochen. Dabei gelegentlich umrühren.

4 Waschen Sie die Kräuter und hacken Sie diese klein. Dann fügen Sie die Kräuter der Sauce bei und schmecken alles mit Pfeffer, Salz und Zucker ab.

5 Sofort in vorbereitete Einmachgläser füllen und verschließen. Dann auskühlen lassen.

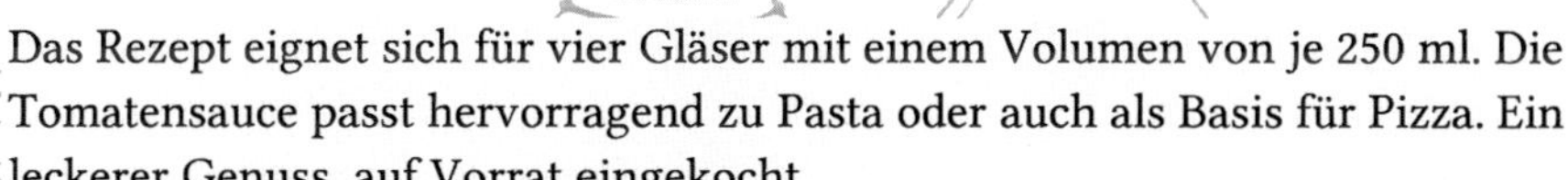

Das Rezept eignet sich für vier Gläser mit einem Volumen von je 250 ml. Die Tomatensauce passt hervorragend zu Pasta oder auch als Basis für Pizza. Ein leckerer Genuss, auf Vorrat eingekocht.

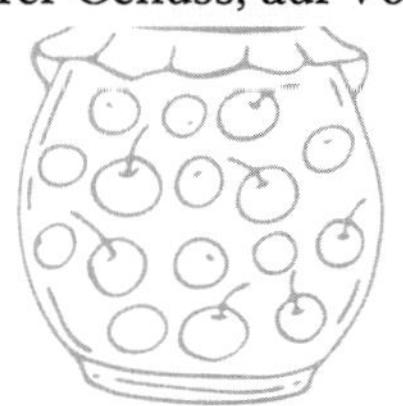

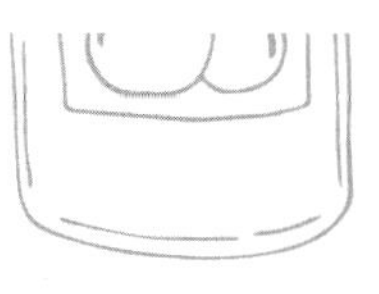

BROKKOLI-PESTO

1 Glas
(à 500 ml)

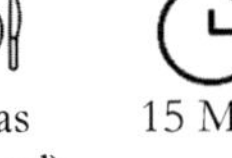
15 Min.

Leicht

Zutaten

150 ml Olivenöl
1 Bund Basilikum
125 g Brokkoli
125 g Parmesan, gerieben
60 ml Hühnerbrühe
125 g Mandeln (blanchiert)
1 EL Balsamico
6 Knoblauchzehen
¼ TL Pfeffer

Nährwerte p. 50 g

67 kcal
0 g Kohlenhydrate
6 g Fett
1 g Eiweiß

1 Mischen Sie alle Zutaten miteinander und geben Sie diese in eine Küchenmaschine. So lange rühren lassen, bis eine cremige Masse entsteht.

2 Danach in ein großes Glas oder in mehrere kleine Gläser abfüllen und kühl stellen. Das Pesto schmeckt sehr gut zu Baguette und Geflügel.

DATTELCREME MIT FRISCHKÄSE

1 Glas (à 250 ml)

15 Min.

Leicht

Zutaten

1 Becher körniger Frischkäse
6 Datteln
1 Becher Frischkäse
4 Frühlingszwiebeln
30 ml kochendes Wasser
Muskat
Pfeffer
Salz
Zucker

Nährwerte p. 50 g

122 kcal
5 g Kohlenhydrate
9 g Fett
3 g Eiweiß

1 Mischen Sie den Frischkäse mit dem körnigen Frischkäse.

2 Waschen Sie die Frühlingszwiebeln und schneiden Sie diese in kleine Ringe.

3 Zerkleinern Sie die Datteln und übergießen Sie diese mit kochendem Wasser.

4 Während die Datteln einweichen, verrühren Sie die Frischkäse-Creme mit den Frühlingszwiebeln.

5 Nach 3–5 Minuten im kochenden Wasser pürieren Sie die Datteln und heben diese Masse dann unter die Frischkäse-Creme.

6 Alles mit Pfeffer, Salz, Muskat und Zucker abschmecken. Waschen Sie die Gurken ab und stechen Sie diese an verschiedenen Stellen mit einer Nadel ein.

Die Dattelcreme ist ein cremiger Genuss und passt zu Brot, Gemüsesticks oder auch als Dip für Fleisch.

Getränke

HOLUNDERBLÜTENSIRUP

1 Flasche (à 300 ml)

15 Min.

Leicht

Zutaten

8 Holunderblütendolden
500 g Zucker
250 ml Apfelsaft
10 g Zitronensäure
1 unbehandelte Zitrone

Nährwerte p. Flasche

2164 kcal
529 g Kohlenhydrate
0 g Fett
1 g Eiweiß

1 Lassen Sie den Apfelsaft mit Zitronensäure und 500 ml Wasser aufkochen. Dabei gelegentlich umrühren. Alles leicht sprudelnd für 10 Minuten kochen lassen. Die Mischung sollte nach dem Kochen etwa lauwarm abkühlen.

2 Schütteln und verlesen Sie die Holunderblüten. Dann waschen Sie die Zitrone heiß ab und schneiden diese in Streifen. Holunderblüten und Zitronenscheiben anschließend zusammen in eine Schüssel geben. Übergießen Sie beides dann mit dem lauwarmen Sirup und lassen Sie alles für ca. zwei Tage abgedeckt durchziehen.

3 Gießen Sie das Ganze vor dem Abfüllen durch ein Passiertuch und lassen Sie die Flüssigkeit nochmals aufkochen. Danach in die vorbereitete Flasche gießen und verschließen.

Der Holunderblütensirup lässt sich auch sehr schön als kleines Geschenk anrichten oder als fruchtige Zugabe zu Sekt genießen.

BANANEN-DRINK MIT MANDELN

2 Gläser (à 250 ml) 10 Min. Leicht

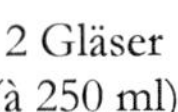

Zutaten

400 ml Mandeldrink
150 g Bananen
1 TL Cashewmus
2 Stiele Minze
1 TL Limettensaft
Zimt

Nährwerte p. Glas

133 kcal
22 g Kohlenhydrate
4 g Fett
2 g Eiweiß

1 Schälen Sie die Bananen und schneiden Sie diese in kleine Stücke. Dann die Bananen mit Mandeldrink, Limettensaft, Cashewmus und 1 Msp. Zimt in einem Standmixer pürieren. Alternativ geht natürlich auch ein Stabmixer.

2 Waschen Sie anschließend die Minze und zupfen Sie einige Blätter davon ab. Füllen Sie den BananenDrink in zwei Gläser und verzieren Sie diese mit Minzblättern und etwas Zimt.

Ein leckerer, vollmundiger Snack zum Trinken für zwischendurch.

GRÜNER SMOOTHIE

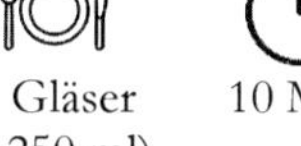

4 Gläser (à 250 ml) | 10 Min. | Leicht

Zutaten

100 g Grünkohlblätter
200 g Ananas-Fruchtfleisch
1 Kästchen Kresse
½ Zitrone
300 ml Kokoswasser
10 g Ingwer

Nährwerte p. Glas

52 kcal
10 g Kohlenhydrate
1 g Fett
2 g Eiweiß

1 Schneiden Sie die Ananas in kleine Stücke und pressen Sie die Zitronenhälfte aus.

2 Jetzt den Grünkohl waschen und ebenfalls klein schneiden. Die Kresse wird vom Beet abgeschnitten und zum Verzieren für später zur Seite gelegt. Der Ingwer wird geschält und dann ebenfalls klein geschnitten.

3 Geben Sie Grünkohl, Kresse, Zitronensaft, Ananas und Ingwer in einen Standmixer oder nutzen Sie einen Stabmixer. Dann 200–300 ml Wasser sowie das Kokoswasser hinzufügen und pürieren.

4 Füllen Sie den grünen Smoothie in Gläser ab und verzieren Sie alles mit der restlichen Kresse.

Der grüne Smoothie ist ein gesunder und fruchtiger Start in den Tag.

MÖHRENSAFT MIT APFEL

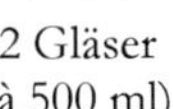

2 Gläser (à 500 ml) | 10 Min. | Leicht

Zutaten

500 g Äpfel
500 g Möhren
1 Spritzer Zitrone
1 EL Leinöl

Nährwerte p. Glas

236 kcal
53 g Kohlenhydrate
1 g Fett
3 g Eiweiß

1 Waschen Sie die Äpfel und Möhren und entsaften Sie diese.

2 Dann geben Sie den Zitronensaft und das Leinöl hinzu und verrühren alles.

Der Saft passt hervorragend zur kalten Jahreszeit, um das Immunsystem zu stärken, oder aber auch einfach als leckeres Getränk für zwischendurch.

ERDBEER-SMOOTHIE MIT MELONE

4 Gläser
(à 250 ml)

10 Min.

Leicht

Zutaten

350 g Wassermelone
350 g Erdbeeren
350 ml Kefir

Nährwerte p. Glas

118 kcal
15 g Kohlenhydrate
4 g Fett
4 g Eiweiß

1 Waschen Sie die Erdbeeren und entfernen Sie den Stielansatz. Dann schneiden Sie die Beeren in Viertel. Das Fruchtfleisch der Wassermelone in kleine Würfel schneiden und dann beides in einem Standmixer oder mit dem Pürierstab zerkleinern.

2 Gießen Sie den Smoothie in Gläser ab und rühren Sie den Kefir ein.

Der fruchtig-frische Smoothie ist ein leckerer Snack für Zuhause oder unterwegs.

Marmeladen, Konfitüre & Kompott

HEIDELBEERMARMELADE

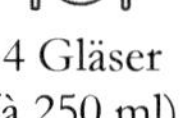

4 Gläser (à 250 ml) | 20 Min. | Leicht

Zutaten

250 g Heidelbeeren
1 l Heidelbeersaft
½ Zitrone
500 g Gelierzucker, 2:1
¼ Vanilleschote

Nährwerte p. Glas

421 kcal
98 g Kohlenhydrate
1 g Fett
1 g Eiweiß

1 Mischen Sie den Gelierzucker mit dem Saft in einem großen Topf zusammen.

2 Waschen Sie die Heidelbeeren und geben Sie diese hinzu.

3 Sterilisieren Sie die Einmachgläser mit heißem Wasser und lassen Sie diese auf einem Tuch abtropfen.

4 Bringen Sie die Beeren mit der Vanilleschote, dem Zitronensaft und der abgeriebenen Zitronenschale zum Kochen. Kochen Sie alles so lange, bis die Beeren eine weiche Konsistenz haben. Entfernen Sie die Vanilleschote.

5 Füllen Sie anschließend das heiße Gelee mit einem Saucenlöffel oder Trichter in die Gläser und säubern Sie danach den Rand sorgfältig.

6 Verschließen Sie die Gläser und drehen Sie diese auf den Deckel, sodass Vakuum gezogen werden kann. Drehen Sie die Gläser nach etwa 5 Minuten wieder um.

Die Marmelade passt sehr gut auf eine Scheibe Brot, aber auch als Zugabe in Joghurt schmeckt sie sehr lecker.

MANGO-MARMELADE MIT INGWER

4 Gläser (à 250 ml) | 20 Min. | Leicht

Zutaten

2 cm Ingwer (frisch)
4 reife Mangos
2 Zweige Minze
1 kg Gelierzucker

Nährwerte p. Glas

1250 kcal
300 g Kohlenhydrate
2 g Fett
2 g Eiweiß

1 Schälen Sie die Mangos und entnehmen Sie das Fruchtfleisch. Dann würfeln Sie das Fruchtfleisch.

2 Anschließend schälen Sie den Ingwer und schneiden diesen in feine Streifen. Vermischen Sie den Ingwer mit den Mango-Würfeln und dem Zucker und lassen Sie alles für ca. 2 Std. durchziehen.

3 Waschen Sie währenddessen die Minze, zupfen Sie einige Blätter ab und hacken Sie diese.

4 Bringen Sie den Ingwer mit den Mango-Würfeln und dem Zucker in einem Topf zum Kochen und lassen Sie alles für 4 Minuten köcheln.

5 Dann rühren Sie die Minze unter und füllen die Marmelade in zuvor sterilisierte Einmachgläser. Stellen Sie diese nach dem Befüllen für 10 Minuten auf den Deckel, dann drehen Sie sie um und lassen alles abkühlen.

Die Marmelade hält sich bei dunkler und kühler Lagerung mehrere Monate.

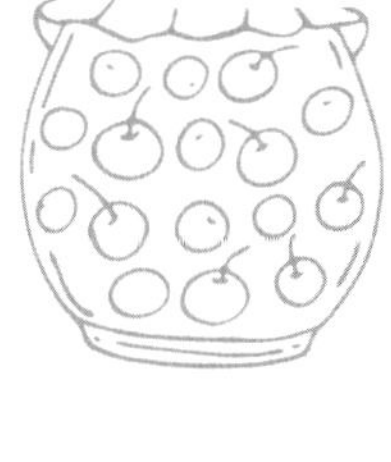

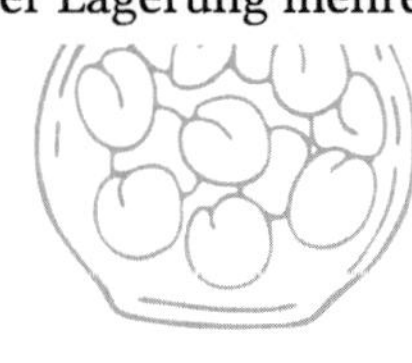

APFELGELEE

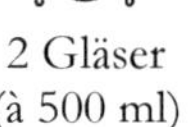

2 Gläser (à 500 ml) | 15 Min. | Leicht

Zutaten

1 l Apfelsaft
4 EL Zitronensaft
40 ml Calvados
1 kg Gelierzucker
2 TL Rosmarinnadeln (frisch)

Nährwerte p. Glas

2332 kcal
556 g Kohlenhydrate
1 g Fett
1 g Eiweiß

1 Kochen Sie in einem Topf den Gelierzucker mit dem Saft auf und lassen Sie alles für 4 Minuten kochen. Danach rühren Sie Calvados und Zitronensaft hinein, nehmen den Topf vom Herd und geben das Gelee sofort in die sterilisierten Einmachgläser.

2 Garnieren Sie jedes Glas mit einigen Rosmarinnadeln und verschließen Sie es anschließend. Dann auf den Deckel gedreht abkühlen lassen.

Das Gelee ist schnell vorbereitet. Es passt hervorragend zu einem Brunch oder auf Vorrat.

ZWETSCHGENMUS

4 Gläser (à 250 ml) | 20 Min. | Leicht

Zutaten

1 kg Zwetschgen
½ TL Zimt
500 g Gelierzucker
1 TL Zitronensaft
1 Prise Nelke (gemahlen)

Nährwerte p. Glas

614 kcal
147 g Kohlenhydrate
0 g Fett
2 g Eiweiß

1 Heizen Sie den Backofen auf 180 °C (Umluft) vor.

2 Waschen Sie die Zwetschgen und entfernen Sie die Steine. Dann pürieren Sie die Zwetschgen zusammen mit den Nelken, dem Zimt, dem Zucker und dem Zitronensaft.

3 Geben Sie die Masse in einen Bräter und lassen Sie alles für 2 Std. im Ofen garen. Rühren Sie die Masse dabei alle 30 Minuten um.

4 Füllen Sie das Mus anschließend in zuvor sterilisierte Einmachgläser und verschließen Sie diese.

5 Alle Gläser auf den Deckel stellen und für 10 Minuten so stehen lassen. Zum Schluss umdrehen und abkühlen lassen.

Das Zwetschgenmus hält sich bei kühler und dunkler Lagerung bis zu einem Jahr.

KIRSCHKOMPOTT MIT ZIMT

4 Gläser (à 250 ml)

20 Min.

Leicht

Zutaten

1 kg Kirschen
100 g Zucker
1 Zitrone (unbehandelt)
400 ml Rotwein
1 Zimtstange

Nährwerte p. Glas

325 kcal
61 g Kohlenhydrate
1 g Fett
3 g Eiweiß

1 Waschen Sie die Kirschen und entfernen Sie die Steine.

2 Dann raspeln oder schneiden Sie die Zitronenschale ab und kochen diese zusammen mit dem Rotwein, der Zimtstange und dem Zucker auf.

3 Fügen Sie die Kirschen hinzu und lassen Sie diese für 5 Minuten mitkochen.

4 Dann in vorbereitete Einmachgläser füllen und verschließen.

Das Kirschkompott lässt sich an einem dunklen und kühlen Ort einige Monate aufbewahren und schmeckt köstlich zu Grießbrei, Joghurt oder Milchreis.

Einmachglas-Mix zum Verschenken

SCHOKO-PLÄTZCHEN-BACKMISCHUNG

1 Glas (à 500 ml)

30 Min.

Leicht

Zutaten

175 g Dinkelmehl (Typ 1050)
125 g Vollrohrzucker
1 TL Backpulver
4 EL Kokosflocken
50 g Kakaopulver
4 EL Haselnüsse (gehackt)

Dazu:
150 g kalte Butter
1 Ei

Nährwerte p. Glas

120 kcal
10 g Kohlenhydrate
8 g Fett
2 g Eiweiß

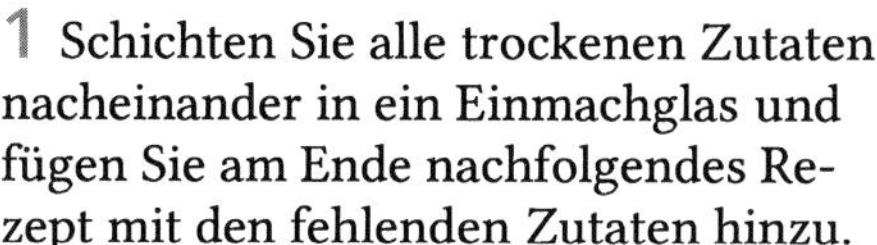

1 Schichten Sie alle trockenen Zutaten nacheinander in ein Einmachglas und fügen Sie am Ende nachfolgendes Rezept mit den fehlenden Zutaten hinzu.

2 Verzieren Sie das Glas mit einem schönen Band und verschenken Sie eine leckere Backmischung für Plätzchen.

Rezept für Schoko-Plätzchen
(~ 30 Plätzchen)

Um die Plätzchen fertigzustellen, verrühren Sie alle Zutaten mit den Knethaken eines Handrührgerätes. Danach kneten Sie den Teig nochmal mit den Händen, sodass er eine glatte Kugel ergibt.

Den Teig auf einer bemehlten Fläche etwa 3 mm dick ausrollen. Dann mit beliebigen Formen Plätzchen ausstechen und auf ein mit Backpapier ausgelegtes Back-blech legen.

Im vorgeheizten Ofen bei 175 °C (Umluft) etwa 8-10 Minuten backen. Abkühlen lassen und genießen.

ZIMTSTERNE

1 Glas (à 250 ml)

10 Min.

Leicht

Zutaten

125 g Puderzucker
500 g Mandeln (gemahlen)
3 TL Zimt (gemahlen)
etwas Puderzucker zum Bestreuen der Mandeln

Dazu:
3 EL Mandellikör
3 Eiweiß
etwas Puderzucker zum Bestreuen der Arbeitsfläche

Nährwerte p. Glas

90 kcal
8 g Kohlenhydrate
5 g Fett
2 g Eiweiß

1 Zum Verschenken geben Sie die Mandeln in ein Einmachglas und sieben den Puderzucker darüber. Obenauf streuen Sie dann den Zimt.

2 Verschließen Sie das Glas und verzieren Sie es nach Belieben als Geschenk und fügen Sie am Ende nachfolgendes Rezept mit den fehlenden Zutaten hinzu.

Rezept für Zimtsterne (~ 50 Plätzchen)

Um die Zimtsterne fertigzustellen, wird die Backmischung mit den Eiweißen und dem Mandellikör in eine Schüssel gegeben und mit dem Knethaken eines Handrührgerätes verrührt.

Eine Arbeitsfläche mit Puderzucker bestreuen und den Teig in 2 Teilen etwa 1 cm dick ausrollen. Dann mit einem Ausstecher Sterne herstellen und auf ein mit Back-papier ausgelegtes Backblech legen.

Im nächsten Schritt schlagen Sie 1 Eiweiß mit 125 g Puderzucker steif und bestreichen die Sterne mit der Eiweißglasur.

Danach werden die Plätzchen im Backofen bei 125 °C (Umluft) für 12–15 Minuten gebacken. Abkühlen lassen und genießen.

NUSSKUCHEN ALS BACKMISCHUNG

1 Glas (à 1 l)

10 Min.

Leicht

Zutaten

300 g Zucker
150 g Nüsse (gehackt)
200 g Mehl
½ Pck. Backpulver
1 Pck. Vanillezucker
60 g Kakaopulver

Dazu:
⅛ l Wasser
4 Eier
⅛ l Öl

Nährwerte p. Glas

3118 kcal
471 g Kohlenhydrate
108 g Fett
57 g Eiweiß

1 Für die Backmischung schichten Sie alle trockenen Zutaten in ein Einmachglas. Passend für die Menge im Rezept ist ein Glas mit einem Volumen von 1 l. Durch die verschiedenen Schichten sieht das Glas wirklich schön aus.

2 Verzieren Sie die Backmischung nun noch mit persönlichen Grüßen oder einem schönen Band und geben Sie das Rezept mit dazu. Der Kuchen wird saftig und nussig und lässt sich auch sehr gut in kleinen Einmachgläsern backen und als Kuchen verschenken.

3 Um den Teig fertigzustellen, werden einfach die flüssigen Zutaten zu der Backmischung gerührt. Abschließend wird das Ganze im Backofen in einer Kuchenform gebacken.

BUTTER À LA GEBRATENE MANDELN

1 Glas (à 400 ml)

20 Min.

Leicht

Zutaten

Backpapier
250 g Mandeln (gehackt)
1 Pck. Vanillezucker
60 g Zucker
½ TL Zimt
½ TL Meersalz
60 ml Wasser
125 g Butter

Nährwerte p. Glas

2772 kcal
86 g Kohlenhydrate
239 g Fett
54 g Eiweiß

1 Legen Sie einen Streifen Backpapier bereit. Dann karamellisieren Sie in einer Pfanne Mandeln, Zucker, Vanillezucker, Wasser und Zimt.

2 Unter Rühren lassen Sie alles zusammen für ca. 5 Minuten auf mittlerer Hitze karamellisieren. Dann würzen Sie die Masse mit Meersalz.

3 Geben Sie die Masse dann auf das Backpapier und lassen Sie sie dort auskühlen.

4 Verarbeiten Sie jetzt die Mandelmasse mit dem Mixer oder Pürierstab zu einem Mus. Mixen Sie so lange weiter, bis ein weicher Klumpen entsteht.

5 Nehmen Sie das Mus dann aus dem Mixer und verrühren Sie es mit der weichen Butter.

6 Alles in sterilisierte Einmachgläser füllen, verschließen und als Geschenk anrichten. Waschen Sie die Gurken ab und stechen Sie diese an verschiedenen Stellen mit einer Nadel ein.

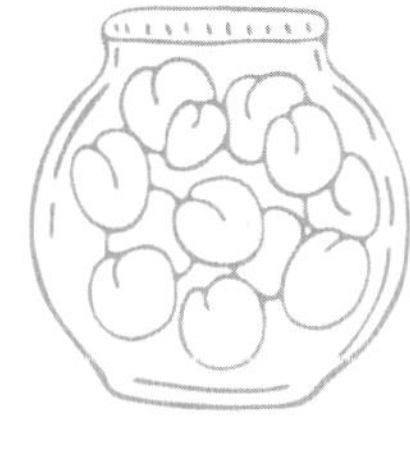